［増補版］

大学教育アントレプレナーシップ

いかにリーダーシップ教育を導入したか

日向野幹也・松岡洋佑 共著

B L P

Business Leadership Program

G L P

Global Leadership Program

ブックウェイ

はしがき

２００４年夏、東京都立大学が、石原都知事の方針で翌年度から名前を含めて大幅に変貌することが本決まりになり、それがどうにも改良とは思えなかったので、新しい勤務先を探し始めました。（経済学部では私を含む16人が一挙に去り、獲得したばかりのＣＯＥも返上しました。）当時私は金融論を専攻しており、学会の知り合いから立教大学が新しく経営学部を作ることを伝え聞いて応募したのでした。幸い順調にその話が進んで秋も深まってきた頃、「金融論と並行して、新設のリーダーシップ・プログラムも面倒みてくれないか」と打診がありました。実のところ「リーダーシップ」には馴染みがなかったのですが、構想を尋ねてみると、必修であるわりには中身はほとんど何も決まっておらず一から自由にできるようでしたし、自分自身金融論の研究者として限界も感じていて新しい分野には興味があったので、軽い気持ちで「分かりました」と答えて、そのように決まってしまいました。

この必修科目群は「ビジネス・リーダーシップ・プログラム」と言い、複数クラスで他の教員たちも使う共通教材を作っていく必要もあるので、ぶっつけ本番というわけにも行かないし、いろいろ調べてみると、日本の大学の学部にはどこにもそんなプログラムは無く、この分野で先進国らしい米国でもMBAにはあるけれど学部レベルにはほとんど数えるほどしかありません。そこでまずこの分野で第一人者の呼び声の高い神戸大学の金井壽宏教授に教えをこいに行きました。金井さんは立教でのこの大胆な試みに非常に興味を示して、「まだどこでもやってないのだから、走りだせればそれでまずは成功ですよ」と励ましてくれました。幸いその7年後には、アクティブラーニングと産学連携の充実が注目されて、文科省教育GPの成果トップ10%に選ばれる等、私達自身の予想をも上回る成功を収めたのですが、その七年間は、金井さんの予言したように、まさに教員たち自身と学生たちの「リーダーシップへの旅」でした。本書はその旅の記録です。

[増補版]大学教育アントレプレナーシップ〜いかにリーダーシップ教育を導入したか

◎目次

Chapter One：大学教育アントレプレナーシップ

立教大学経営学部での必修リーダーシップ教育は２００６年４月学部発足と同時に始まった。手探り状態の出航であったが、数年を経過して、多数クラス並行実施でなおかつ多数科目積み上げ方式であること、その各クラスでアクティブラーニングや産学連携を毎年大規模に行なっていること等が注目され、最近では大学関係者の集まる会合や研究会にしばしば招かれて成果報告をおこなう機会をいただくようになった。その席で気づかされたのは、大学関係者の関心や興味が、個別の教育手法や効果そのものというよりも、そうした新しいプログラムをゼロから立ちあげて来た苦心談の部分、特にどうして大規模で画期的なことが可能であったのか、（リーダーシップという学習目標はともかく）その規模の画期的プログラムは他の大学でも創出可能なものなのか、ということにあることだ。確かに、振り返ってみれば、大学の学部レベルで、学科全員（一部科目は学年全員）の必修で、少人数クラス並行開講で、積み上げ式のリーダーシップ教育プログラム等というのは、日本では最初であったし、リーダーシップ教育の先進地域である北米でも極めて珍しい。

リーダーシップ以外の分野では、語学や数学のような基礎科目だけであったろう。語学や数学であれば大学の基礎科目としてのその必要性については理解が得られやすい。しかし、リーダーシップのような、果たして習得可能なものなのかどうか、あるいはそもそも習得価値があるのかどうかという点についてさえまだ充分な社会的認知のない学習目標を目指して、いろいろな障害を乗り越えて、そのような大規模なプログラム（毎年7科目40クラス以上開講、受講者数毎年延べ千人以上）を創出し発展させ維持できていることが注目されているようなのである。

そこで、日本で大学生にリーダーシップ教育をおこなうことの意義や手法について説明する前に、まずこの章では、その苦心談の部分を先にお話ししようと思う。そしてその苦心の過程で発揮されたのが他ならぬ教員や学生たちのリーダーシップの発露としてのアントレプレナーシップであったことも説明する。この「リーダーシップ」の意味するところは第1章から第3章で詳しく説明するが、ここでも直観的に説明しておこう。何か不満があったときに不満を単に不満として誰かにぶつけるだけでは消費者と同じである。そうではなく、不満を解消することを自分で解くべき問題であると腹をくくって、解決のための提案を誰かに持って行ったり、自ら解決案を実行するために誰かを巻き込んでいくこと、それがリーダーシップなのである。従来、日本でも米国でも、「リーダーシップ」には「権限」や「カリスマ性」がつきものだと思う人は多かったのだが、このように権限もカリスマ性も要らないリーダーシップこそが現代ではますます要求されるようになっているのである。

(1)経営学部の開設

〈米国大学の授業見学〉

２００５年４月から一年間は、学部開設前の準備期間で、リーダーシッププログラムについて内外で見学や調査に行く期間として使わせてもらえた。リーダーシップ教育の先進国米国でも、学部レベルでビジネス・リーダーシップ専攻を持っているところは数校しかなかったので、是非見学に行きたいと思っていたところ、ミズーリ州立大セントルイス校（ＵＭＳＬ）の臼井智観子さんの紹介で同校のリーダーシップ科目担当者のアラン・バードさんら数人の教員に会い、院生のリーダーシップ授業等いくつかを見学させてもらった（バードさんとはこの後もたびたび会うことになる）。

また、幸運にも、臼井さんご自身が勤務先のＵＭＳＬから一年間サバティカルで訪問していた先がピッツバーグのデュケイン大学で、そのデュケインが幸いにも学部レベルでリーダーシップ専攻を持っている稀な大学の一つだったので、セントルイスから足を伸ばしてピッツバーグにも出かけた。デュケインのリーダーシッププログラムは経営学部の中の専攻の一つで、学生の人数は多くないものの階段上の積み上げカリキュラムになっており、数人の教員チームが頻繁に話し合ってコンテンツを作っていた。これは一年後に発足する立教でのリーダーシップ・プログラムでも、手本にさせてもらった。また、デュケインのナガラジ・シバスブラマニアムさんや、UMSLのバードさん（現在ノースイースタン大学）に紹介された文献を読んでいくうちに、「経営者養成」「管理職研修」「帝王学」のようなタイプのリーダーシッププログラム、すなわち権限のあることを前提にしたリーダーシップ開発一本槍はもはや時代遅れで、"old school"とすら呼ばれていることに気づきました。第2章にも詳しく書いた「権限のないリーダーシップ」を前面にかかげることになったのはそうした経緯によるものです。帰国後、こうした視察や調査を踏まえて、立教大学でのリーダーシッププログラムでも、old school から new school のリーダーシップ開発に大きく方向転換したい、と報告した時、初代学部長の白石典義教授（現・立教大学統括副総長）はかなり驚かれていましたが、ご自分の留学時の体験に照らして「そういえばそれが北米でもむしろ伝統的なリーダーシップなのかもしれない」と理解し引き続き支援してくださった。また、当時でも（外資系を筆頭に）日本の一部の企業では「権限のないリーダーシップ」が重視され始めていたのである。

セントルイスとピッツバーグでは、リーダーシップの科目以外にも、校内で評判の良いと思われる授業をいくつも紹介されて、連日見学させてもらうという非常にありがたい経験もさせてもらった。今までに十数校の大学の授業見学をさせてもらってきたが、学部長や総長経由で依頼することができた場合は、学内で評判の高い授業を見学させてもらうことになることが多く、対照的に、教員個人に依頼すると、本人自身の授業と、それに加えるとしたら、その人が頼みやすい教員（多くは若手か、親しい友人）の授業になるようなことが多いようである。特に後者の場合は、あまり学生が集中できていないような授業も時々含まれてきて、それはそれで良い勉強になった。見学されるほうの教員は、光栄なこととは認識していてもやはり評価されるとなると気になるようなので、私は evaluation のために来ているのではなくて自分の勉強のために来ているのだ、と説明し、授業のあとに必ず、ここが良かった、あそこはもうひと工夫したらどうだろう、等と口頭やメールで個人としてフィードバックするようにしたら、授業担当者だけでなく授業見学を紹介してくれた人たちにも好評であった。

学生の評判の良い、充実した授業の場合は、大きな教室であってもインタラクティブに授業を進めている教員が多い傾向がはっきりしており、特に工夫のない単なる講義形式では学生の集中が続かない様子がありありと分かる。（この意味では、「教室の静粛が保たれているか」などという、日本の大学によくある授業評価アンケート項目をここで使ったら、良い授業はディスカッションや活発な質疑応答で、悪い授業は単なる私語喧騒で、それぞれに悪い点数がついてしまうであろう）。また、日本で時々見かける、いつ大勢の前で叱られるか分からないとか、座席が指定されているので私語すると教員が名前に名前をチェックされてしまうといった、いわば恐怖によって静粛を強要する授業には米国ではお目にかかったことはない（どこかにはあるのだろうか）。これまでに授業見学させてもらった大学は、ニューヨーク市立大クイーンズ校、同シティカレッジ、カリフォルニア州立大サンノゼ校、ルーアン・ビジネス・スクール、インペリアル・カレッジ・ビジネススクール、バージニア州立大ジョージ・メーソン校、メリーランド州立大カレッジ・パーク校、ジョンズ・ホプキンズ大、ハワイ州立大マノア校、イースト・ウェスト・センター・ホノルル校、ノースイースタン大、シドニー大、ハーバード大、ＭＩＴ等である。リーダーシップ関係の授業は大教室の座学ではなくてグループディスカッション中心のところが多かったのを確認できたのも収穫だった。

〈基礎ゼミ・ウェルカムキャンプとの連携〉

デュケイン大見学など米国東部から帰国すると、翌年から始まる経営学部の授業内容を具体的にどうするかを開設準備室教授会でプレゼンテーションしあう時期になっていた。立教大学経営学部でも、当初は他大学にもある基礎演習（基礎ゼミ）の開講を計画していて、ビジネス・リーダーシップ・プログラムは一年次後期から始まるはずだった。しかし、新しい学部を立ち上げるにあたって、大学に入ってきた新入生に、「これは他の学部と違う」「先輩に聞いていたよりずっと良い」等というインパクトを与えることが肝心で、それには他大学でも行なっていて学生も教員も全然士気のあがらないことが多いという「読み書きパソコン」の基礎演習だけはよしたほうがいいと私は確信していたので、ＢＬＰの前段階の少人数クラスを行わせて欲しいと提案した。そういう基礎的スキル習得は、そのスキルがないとできないような成果物の締切り直前にならないと練習したくないというのが多くの学生の嗜好であることを、私のそれまでの教員生活で思い知らされていたからである。

その基礎ゼミやＢＬＰで、どんな授業をするのかイメージを持っていただきたかったので、デュケイン大経営学部で見た〝Perfect Square〟というゲーム（数人のグループが目隠しをして、一本のロープを持ち、会話だけで正方形を作っていく）を早速真似して、やってもらった。リーダーシップとチームワークの重要性を体感してもらうのが目的であった。今思えば私は貧弱なファシリテーションしかできなかったのだが、学部のほとんどの教員が参加してくれたのには感激した。「立教大学に来て二十年になるが、教員のこんな研修みたいなことは初めてだ」と驚きながらも参加してくれた教授らを始めとして、ベテランにも新人にも、新しい学部をしっかり作って行かないといけないという緊張感は共有できていたのだと思う。これによって、教員同士でフィードバックしあうという形での学部内での教授法、相互研修の基礎ができたのではないかと思っている。

この基礎演習のクラス分けについても一工夫した。私は都立大勤務時代に、いくつかの私立大で非常勤講師をした経験から、私立大の学生が、大学に入学してみると授業は語学など一部の科目を除くと大教室の一方向の講義で、同じ学部の友達はあまりできず、大学全体のサークル・部活やアルバイト等で友達を作るしかないという傾向に疑問があって、むしろそれよりも、学部の中で友達を作り、刺激しあって、現代風に言えばソーシャルに勉強することを促進できないものかと考えていた。それを阻んでいるのは、せっかく設けられている少人数クラスのメンバー同士が、同じ教室にはいるものの、共同で作業したり、勉強したりすることを促すような環境づくりが欠落していることであると考えた。ＢＬＰを前倒しした、グループワーク中心のプロジェクト型の基礎演習はそうした環境としては非常に良いはずである。せっかくそうした環境を用意するのであるからその効果を最大限に発揮して、学生が経営学部への帰属意識を持ってくれるように、さまざまな場所から集まった学生を最初から混ぜる工夫をしようと考えた。それまで大学では、おおむね五十音順や無作為で語学のクラス編成をおこなっていたため、バックグラウンドを散らすような工夫はなかった。その結果として、入学以前からの知り合いのいる関係高（付属校）出身の学生は最初から固まって別の集団を形成しがちだった。

これは付属校出身の学生にも、そのほかの学生にとってもあまり良いことではないと考えたので、パソコン上で動くクラス分けのソフトウェアをネットで探し、福岡のソフトウェア会社が中学・高校のクラス分けシステムを開発して販売しているのを見つけて早速コンタクトをとった。３月の終わりに入学者が確定するので、経営学部全入学者の属性（性別・学科・出身高校・入試種別）のデータを教務からもらって、このソフトウェアで読み込んで、基礎ゼミ15クラス（当時）に均等に散るように、さらにクラス内で4ないし5つのグループを作るときにもグループ間で偏りが出ないように割り振って、3月中に教務に戻してクラス分け発表をしてもらうという作業を自分一人で行なった。当時は、助手もいないし事務局も無かったので、私が自分で行うしかなかったのである。この作業の効果はすぐ現れた。特に、先に述べたように、愛校心は強いものの入学直後から自然に寄り集まってしまって結果として他となじまなくなっていた立教の関係高（立教池袋高校、新座高校、立教女学院、香蘭女学院など）の学生たちが、経営学部では各クラスに分散して、各所で個性を発揮し始めた。後に彼らはＢＬＰの学生アシスタント（ＳＡ）にも最も熱心に立候補してくれるに至った。

また、日本ＩＢＭ出身で私と同時に着任した尾崎俊哉教授から教授会に対して、経営学部新入生のウェルカムキャンプを行ったらどうかという斬新な提案も出された。尾崎さんはご自分が日本ＩＢＭに入社した当時に、素晴らしい施設で「我社はＩＴ企業のロールズロイスなのである」という強烈なメッセージを受け取って大いにやる気が出たという経験を参考に、まったく新しい経営学部にふさわしいキャンプをしようと構想したのである。特別な学部に来たのだという感覚を持ってもらえれば、新入生のやる気が増すだろうとお考えになったのであろう。それまで立教大学のどの学部もそんなことをしたことはないので、この構想には開設準備室教授会にはかなりの戸惑いもあったのだが、提案者自ら実行責任者になるという（言い出しっぺが苦労させられる、という意味では長期的にはあまり良くない）方法で始動した。ロジスティクス一切については尾崎さんが担当してくれ、さらに前職でキャンプの経験のあったスコット・デイビスさんの強力な支援を得て、それ以降ウェルカムキャンプは経営学部の年中行事になり、学生諸君の強力な支持を得た。ただ、ウェルカムキャンプを実行しようという決定が土壇場だったので、初回に限っては質実剛健な代々木のオリンピックセンターで行うことになってしまった。また、初年度で運営ノウハウは全く蓄積していないので、ロジスティクスを志願してくれた尾崎さんの携帯電話がキャンプの間じゅう鳴りっぱなしだったらしい。私はこのウェルカムキャンプのコンテンツ担当を志願した。私が提案したのは、基礎演習のクラス編成のままクラス単位・クラス内グループ単位でミニプロジェクトを行なうことでキャンプを過ごしてもらうという前倒し作戦である。ここでも、クラス分け・グループ分けソフトウェアが、名簿や名札の作成にフル回転した。

その後、段々とノウハウが蓄積していって、ロジスティクスはもちろん、コンテンツの大半までも学生たちに任せても大丈夫なことが段々分かり、ますます円滑に運営できるようになった。今では学生たちが旅行業者さんと直接に話しあって運営している。ウェルカムキャンプを毎年おこなうおかげで、経営学部の学生は、他の学部の学生と比べると、新学期が始まったときにはもう基礎演習のクラス内にプロジェクト友達が居て、「ぼっち」化しない、ランチの相手に困らない、友達を作る目的でサークルに入る必要がない、第二・第三志望で入ってきた学生も仮面浪人化せず徐々に学部が好きになっていくため、経済的な理由以外には滅多に休退学が無い、といった際立った特徴を見せている。私は入学時のガイダンスやウェルカムキャンプでは「第二志望で入ってきた皆さん、高校や予備校での友達で他の大学に行った人たちに連絡をとって、この経営学部の様子を話してみてください。必ず驚かれますよ。」と宣言してきた。また、一年生の最初の学期から必ず少人数クラスに属し、二年からはゼミも始まり、専門科目にも少人数クラスがあり、学生同士、教員と学生の距離が近いのも特徴で、学内の公式アンケートでも「進路や勉強について相談する相手」として教員を挙げる比率がずば抜けて高かったり、それぞれの学生に二人以上親しい教員がいることが多かったりといった特徴もある。私としては、一部の大学にあるような、ゼミの教員がゼミ生を自分の所有物であるかのようにふるまう陋習を断ち切って、昔の中学や高校の教員室で、特に目立つわけではない生徒についても「あ、○○君でしょ、頑張っているよね」等と教員同士が話しているような雰囲気に近づけたかったのであり、それは経営学部では現実のものとなっている。

(2) ＢＬＰの始動

こんなふうに新設経営学部は走りだし、ＢＬＰは経営学科のコアプログラムとして、ウェルカムキャンプ・基礎演習に続いて展開されていった。国際経営学科の学生についてもウェルカムキャンプと基礎演習は必須なので、学科の別を問わず経営学部生はリーダーシップ教育を受けていることになる。（その後２０１２年度からは基礎演習は「リーダーシップ入門（ＢＬ０）」と名称を変更して継続され、経営学部がリーダーシップ教育を重視していることが、学外者が時間割や科目表を見るだけでも歴然とするようになった。）

開設と同時に新しいプログラムを開始したものの、大学全体のインフラは経営学部のＢＬＰなど新しいプログラムに即応するようにはできておらず、担当者たちは数年間に渡って苦労することになった。まず、多クラス同時開講（春学期の基礎演習は２００６年度当時15クラス、秋学期のＢＬ１は７クラス）であったため、多クラス分の共通教材を作り、共通プロジェクトの出題者（クライアント）と交渉し、ロジスティクスを整えるコーディネータ（主査と呼ばれている）は多クラスをコーディネートするだけでも非常に仕事が多い。例えば、15人教員が居れば1学期に1回くらい休講しなくてはいけない事情は誰にでもありうる（例えば海外での学会シーズンは5－6月であるから基礎演習の真っ最中である）。その場合、15クラスが並行して進んでいるから休講するわけには行かず、私が代わりの担当者を探したり、その人にこの基礎演習のやり方を説明したり、あるいは私自身のクラスと臨時に合同で行なったりしなければいけなくなる。あるいは、あるクラスの教員が新任のかたで、（誤って、あるいは故意に）他クラスと違う内容のことを独自になさると学生の間にそれが伝わって、苦情としてコーディネートする教員のところに来る。その教員のかたに連絡をとって内容を揃えてくださるようにお願いしなくてはいけない。自分の直接担当する授業のことだけ考えていればいい専門科目などとは大きな違いである。ところが、大学側の教員に対する教育貢献度評価としてはこうしたコーディネート分はゼロ評価なので、もし自分自身でもクラスを持っていないと、主査たる私は何ら教育活動をおこなっていないとみなされてしまう。給料をいただくためにはコーディネートするだけでなく自ら一担当教員として基礎演習はもちろん、全てのＢＬＰ科目に一人の教員としても入らねばならない。学部新設の２００６年度はそれでも一年生だけなのでなんとかなったのだが、２００７年度は基礎演習、ＢＬ１、ＢＬ２、ＢＬ３、２００８年度はこれに加えてＢＬ４も、と全ての開講科目についてクラス担当とコーディネータと両方こなし、さらにそのうえに専門科目と学年別の演習も持たねばならないとなると半端な忙しさではない。この頃になると私は学外のすべての仕事を断る他なくなった。

また、経営学部がそんなプログラムを走らせていることは学内ではまだ充分には理解されていなかったので、例えば15クラス（当時）の基礎演習の教室を同じ時間帯に取ることにすらできなかった。以下、細かい話で恐縮なのだが、オペレーションのうえでは死活的に重要なことなので説明させてもらいたい。普通、大学の授業時間割のうち必修科目は曜日・時間帯が固定されていることが多いが、選択科目で専門科目の場合は、ある程度教員にリクエストする権利がある。しかし特定の曜日・時限にリクエストが集中してしまった場合は他に移って欲しいと事務方に言われることも少なくない。ＢＬＰの最初の科目（基礎演習）の場合、私は15クラスの教員つまり15人の教員を代表して曜日・時間・教室をリクエストしているつもりで事務方に依頼したのだが、「何だか新設学部の新任教員が、自分の勝手で前例のないことを要求している」という場合とおそらく識別が不可能だったようで、私のリクエストは大幅に修正を余儀なくされた。つまり、15ものクラスを同一の学部から同一時間帯に開講するような異例なことはやめてくれと言われてしまったのである。

そこでやむなく2006年度と2007年度は学年全体つまり15クラスを約半分に二分して、火曜2限と火曜3限に別れて開講していた。もちろん主査の私は自分の担当クラスの無いほうの時間帯も空けておく必要があるし、企業クライアントのかたの来学される時にもその累は及んで、2限と3限両方に渡ってキャンパスにいていただく必要もある。例えば2006－8年度にクライアントになってくださった日本酪農乳業協会の青沼専務理事（当時）は、10時半から14時半まで私とのランチをはさみながらずっと大学に居て、しかも2限と3限に別の学生たちに同じ話を繰り返ししてくださった。また、さらに細かい話で申し訳ないが、SA15人の中にも2限クラス担当者と3限クラス担当者が居ることになり、さらに、学生としての彼ら自身の受ける授業がそこに入らない保証はなくてSAの人材確保にもいつ支障が発生するかわからないし、SA同士の連携もとりづらくなってしまう。要するにオペレーションに無理があるのだ。

そういう無理はいつまでも持続可能ではない。そこで2008年度の教室・時間割交渉では是非同一時間帯にしてもらおうとした。それが無理なら基礎演習は全廃するくらいのつもりで交渉の席に臨んだのである。運の良いことに、ゼミ以外にあまり需要のない小さな教室が余っていることが判明し、そこを使わせてもらうにはクラスサイズを少し小さくする必要があるので、この際15クラスから18クラスに増やし、１クラスのサイズをさらに少人数にすることもできた。つまり、いっそうの少人数クラス編成と、全クラス同一時間帯並行開講とを同時に実現するという一石二鳥の解決ができた。これ以降、少ない資源を有効活用するべく、意識的に一石で二鳥も三鳥も狙うことを心がけるようになった。後に、カエサルもそうであったと塩野七生さんの本で読んで、勝手に意を強くしたりもした。

他に、これは今となっては笑い話に近いことなのだが、例の"Perfect Square"という「目隠しして会話だけでチームで正方形を作る」ゲームを授業内でリーダーシップ開発教材として行なったとき、バンダナの本数の制約からゲームの実施週をずらす必要があり、前の週のクラスで使ったバンダナを翌週のクラスの学生にそのまま渡してはまずいことに気づいた。汗や化粧や髪の毛がついていないとは限らないからである。そういう洗濯をしてくれる部門は学内には当然ないし、クリーニングに出せばおそろしく高くつくので、私や学生有志が自宅に持って帰って洗濯する以外にはなかった。結局、一本１００円程度で買えるものなので、最初から多少無理してでも人数分買って、そのまま学生に進呈してしまうほうが良かったと後で気づいたが、あらゆることが初回なので教員自身が試行錯誤するほかなかったのである。

学外クライアントとの交渉の面でも常任の事務局や助手がいないのは大変困るので、週一回兼任講師で来てくれて教材スライドの作成も分担してくれていた久冨和子さんに依頼して、クライアントを探す大変な作業を手伝ってもらっていた。外部クライアントを探して回るのは特に経済学出身で民間企業とのかたとの交流があまりなかった私には新世界であったが、久冨さんにビジネスマナーの速習を受けて、「日向野さんは現場に強い」などと励ましてもらっては、営業マンよろしくあちこちを訪問していた。

こんな変則的なことばかりのスタートであったが、振り返ってみて、学部新設のタイミングでBLPのような全く新しいプログラムを走らせ始めることが学部の戦略として正解であったかどうかは一考に値する問題である。確かに、学部を立ち上げるだけでも大変なのに、その新学部内で日本のどこにもないような新しいプログラムを始動するのは労力がかかり過ぎるのではないかという疑問があって不思議ではない。しかし、いったん学部が無難に離陸してからでは、よほどの危機が訪れない限り、面倒なプログラムを立ち上げるパワーは生まれてこないという組織の慣性もあなどりがたい。特に企業に比べて、非常に分権的なことが多い大学組織ではこの慣性は強力である。その意味で、この種のプログラムを立ち上げるには、大学・学部・学科の新設時か、それとも何かの事情で大学や学部が危機に陥り教職員と学生が危機感を共有しなくてはならない非常時か、のほうが良いのではないかと思う。また、これから新たに作るのであればせめて助手・事務局は最初から配置しないと円滑な始動は難しいのではなかろうか。

(3) ＢＬＰの発展

ＢＬＰは始動したものの、独自の財源はなく、最初は学部内にすらＢＬＰの予算枠はなくて必要な出費があるたび学部事務室に相談していた。どんなに安いものでも（立教大学内で）前例のないものは買いにくく、どうしても必要と判断すれば私のポケットマネーでの出費もたびたびであったが、それも常態化してしまうと良くないので、資金調達は喫緊の課題であった。２００６年度、２００７年度と外部資金調達を試みたが成功には至らなかった。２００８年春、文科省の教育ＧＰの応募書類を、立教大学リサーチイニシアティブセンターの職員さんと一緒に連日深夜までかかって書いた。書類選考を通過してヒアリングに進んだが、その席で審査員の一人に「リーダーシップ教育は米国ではビジネス以外の学部出身のかたが実務経験を積んだあとにMBA等で受けるものだと認識しているのだが」と指摘されたのを記憶している。私は「いいえ、米国の大学では経営学部のundergraduate levelでリーダーシップ開発をおこなっているところがあります」と、前年に訪問したデュケイン大学の例を説明したが、あまり納得してもらえたようには思えなかった。今、もう一度あのヒアリングを受けていたら、「1990年代のアイゼンハウアー財団のグラントをきっかけに、全学でstudent leadership programが爆発的に増えています」等と、もっと説得的に説明できたのであるが、当時は経営学部方面のみをベンチマークスタディの対象にしていて、student leadership programは私の捜索範囲からは漏れていたのである（第7章）。ヒアリングでの手応えはいまいちだったので、落選したかなと思っていたのだが、幸いスレスレで通ったらしく2008年夏に教育GPに選定された。これによって苦しい台所事情は、かなり変化した。このときは、国際経営学科のBL（バイリンガル・ビジネス・リーダー・プログラム、松本茂主査）も別の応募枠で教育GPに選定されて、（同一大学内というだけならばまだしも）同一学部から同時に教育GPにダブル選定されるという、文科省GP史上でもおそらく空前の快挙をなしとげた。学部内で「B

LPは成功した」と認知されて助教も採用していいことになったし、ポートフォリオ（第6章）の独自開発にも着手できたのである。最初の助教は、神戸大学金井研究室出身の俊英・元山年弘さんで、ポートフォリオのスペックや、相互フィードバックの原型、さらにBL3を同一科目の3つのクラスではなく、3つの選択科目に分離し、新しい有力な担当者をスカウトすること等は元山さんのアイデアによるものだった。そうした刷新を検討している最中に私が「春学期はプロジェクト型学習、秋学期はスキル涵養」という基本的なサイクルを作ることを通勤の途中にハッと思いついて、すぐ新学期から実行に移したのもこの時期だった。

しかしその後2009年度夏に元山さんが若くして急逝され、またその直後に、早期から兼任講師としてご協力してくださっていた松坂暲政さん（当時日本ストライカー人事部長）も逝去されて、BLPは同僚教員からも学生からも信望のあつい二人のコアメンバーを相次いで失ってしまった。非常に悲しいことであると同時に、プログラム運営についても打撃は小さくなかった。しかし同時に、特定個人にあまりに依存したプログラム運営をおこなうことは長期にわたる維持可能性を損なうものであるという教訓も学ばざるをえなかった。BLPでは発足直後から他大学や企業のかたに外部評価をお願いしていて、このときの外部評価委員会でも高橋秀明委員（元富士ゼロックス副社長、現慶応義塾大学客員教授）が「それは企業経営でも常に起きうることです」と激励してくださった。幸い、兼任講師として、マーケティングに明るい津吹達也さん、人事コンサルの斎藤和彦さん、論理思考教育で著名な高橋俊之さん、企画・戦略コンサルタントの長田太郎さん、企業研修の経験が豊富な太田哲二さん、稲垣憲治さん、折口みゆきさん、経済学の柴田舞助教（現高千穂商科大学准教授）ら、各分野のスペシャリストを迎えて講師陣が充実してきていた。

2010年から11年にかけて河合塾のアクティブ・ラーニングの調査を受けて、実質的に全国第一位の評価をいただいたのと、多数クラス並行授業での大規模な産学連携を行なっていることが注目を集め、雑誌や新聞への掲載が増えてきたことで、まず学部教授会からの高い評価が定着した。ここまで発足から5年半、準備期間を入れれば6年半かかった計算になる。

2011年秋には、まず日本アクション・ラーニング協会から年間エクセレント・アウォードをいただいた。これは教育GPの資金を使って、三木朋乃助教・森永雄太助教や私が順番にアクション・ラーニング・コーチになる研修を受けて認定資格をとり、BLPにアクション・ラーニングを導入する努力を行なって実績をあげてきたことが評価されたものである。過去の受賞は全て企業で、大学の受賞は初めてであった。また、同年文科省と日本学術振興会が教育ＧＰの三年間（２００８‐２０１０年度）の実績を審査していて、現地調査もおこない、その結果ＢＬＰは、全国トップ15に選ばれるという栄誉に輝いた。この15というのは経営学系のみでなく全分野合計であり、２００８年の教育ＧＰ選定プログラムの約１割、応募プログラム数から計算すると全国でトップ1.6％にあたる。ちなみに首都圏の私立大学のプログラムでこのトップ15に入ったのはわれわれＢＬＰのみであった。さらに、文科省中央教育審議会の平成２０１２年3月答申「予測困難な時代において生涯学び続け、主体的に考える力をはぐくむ大学へ」にＢＬＰが紹介（p.18）されてからは、立教大学全体の教職員によるＢＬＰの認知度も急速に上昇したようである。立教大学への教育関係の取材や視察の要請に対して、ＢＬＰが指名されてお答えする機会も増えた。さらに、ＢＬＰを経営学部だけでなく、全学に拡大するために立教ＧＬＰ（グローバル・リーダーシップ・プログラム）を２０１３年4月から開講することになり、授業提供主体としてグローバル教育センターが設立され、（２００６年のＢＬＰのときと全く異なり）当初から事務スタッフや助手の支援を得てスタートできることになった。

⑷ＢＬＰの強み

このように、ＢＬＰは周囲の期待以上の成果をあげ、受験生による経営学部の高い評価の獲得にも貢献してきたと思う。ここでは、ＢＬＰのどの面が外部から見て評価されているかをまず説明し、その後で外部からは見えづらい真の強みと思えることについても説明したい。

第一に、アクティブ・ラーニングを全面的に取り入れていることである（第5章）。教員から何をインプットするかよりも学生が何を学ぶかを常に重視しており、そのために授業形式は毎回当然のように双方向・多方向である。また、経営学の専門科目との連携も意識されている。

第二に、7科目からなる積み上げ式の科目群で、最初の3つの科目が必修（経営学科）でありながら少人数クラスであり、結果として多数クラスが並行して実施される大規模なプログラムであること。課題解決型で産学連携を含む授業は、これまでにもゼミや選択科目であれば多数存在したし、今でも盛んである。しかし18クラス370人という規模で行われているケースはおそらく他には無いし、科目が学期・学年進行にともなって7科目階段状に積み重なっているプログラムは珍しいだろう。

第三に、ＢＬＰは教員の能力開発（faculty development）を内蔵していることである。教材やスライドは各クラス共通であり、毎年少しずつ（ときには大幅に）改訂されていく。そうした改訂はＢＬＰコア教員が、各クラスからの教員の意見を聞きながら行うし、実際の授業をどう行うかについての打ち合わせや問題点の相談も恒常的に行われているので、それが自然なＦＤになっている。授業の相互見学もよく行われているし、毎年春学期に行われる多数クラス並行のプロジェクト系の科目（ＢＬ０とＢＬ２）ではプロジェクトのアウトプットを評価する予選や本選で教員が担任クラス以外を相互訪問してフィードバックや採点を行う。何よりも、内容を良くして学生の学びを最大化しようという成果目標について教員に合意があることがこうしたＦＤを自然なものにしている。

第四に、ＳＡに教育上重要な役割を与え、組織化し、ＳＡ自身の教育にも役立てていることである（第6章）。ＳＡが教室内で後輩たちのピア・カウンセラーないしコーチの役目を果たしていること、さらに同一科目内で12－18人いるＳＡたちが横に連携して、仕事上の相談をし合い、また教員とミーティングをおこなって授業運営方法の改善や教材の改善の提案を行なってくれる。その意味でＳＡたちもリーダーシップを発揮しているのである。ＳＡと教員は、毎学期の前に合宿まで行なっている。

ここまでは幸いにもいろいろな方に言及され評価していただいているところである。実はそれ以外に、あと少なくとも二つ強みがあると私は考えている。

すなわち第五に、学習目標が明確なことである。プロジェクト型学習やサービス・ラーニングを取り入れた多くの大学の授業で、学習目標が何なのか、外からも分からないし教員自身も明確に意識していないケースが時々見受けられる。プロジェクト型にすると学生の意欲は高まることが多いのは確かなのだが、高まった意欲で何を学んでもらうのかを予め決めておかないと、「頑張りました」「いろいろ経験しました」で終わってしまいかねない。学習目標がはっきりして初めて積み重ね式の科目構成にすることも可能になるのである。ＢＬＰの場合、この学習目標は、「経営学の講義科目で得た知識を問題解決に応用できるようになること」及び「リーダーシップスキルを身につけること」である。

第六のものは、外から眺めていると全く見えてこないが、おそらく大学関係者には、そういうものが無ければプログラムが発展しなかっただろうと納得していただける要因だと思う。それは教員チームと学生のリーダーシップである。ここで言うリーダーシップの正確な意味については第二章以降で詳述するが、リーダーシップを学ぶプログラムの運営や展開に、ほかならぬ教員と学生のリーダーシップが必要である、ということである。そこでこうした発展とリーダーシップの関係についてさらに説明したい。

(5)リーダーシップと大学教育アントレプレナーシップ

ＢＬＰはどこにもない独特な教育方法ばかりを採用しているわけではなく、米国の大学や世界のＭＢＡなどで既に使われている手法を学部生向けにアレンジし組み合わせ、カスタマイズしたものという面が強いので、その意味では教育手法やツールを発明したとは言い難い。それよりはむしろ、教員と学生の、ピア・リーダーシップ（カリスマ性や権限によらないリーダーシップ）によって徐々に大学の承認を獲得していく過程にこそ特色があるのではないかと考える。最近の経営学のイノベーション論でも、発明そのものではなく、社内の「資源動員の創造的正当化」過程のほうが重要であるという研究成果が注目されている（武石・青島・軽部[2012]）。つまり発明が製品化されるための困難は、社内で発明がなされること自体よりも（類似の「発明」はどこかの他社でもなされる可能性は高いので）、発明を実現・製品化するために社内の資源を動員することであり、その困難を乗り越えるために資源動員を創造的に正当化することが重要なのである。発明そのものよりむしろ（発明自体はあちこちで行われているが、製品化はされていなかったり売れるような形ではなかったものを）、成功する製品にしていくために社内で、なんとか理由をつけて人や資源を使わせてもらって結果を出し、それによって規模を拡大していくような、いわば社内アントレプレナーシップと言えるような部分が決定的に重要なのである。社内アントレプレナーシップが可能になるのは、（必ずしも権限上位者ばかりではない）一部有志社員のリーダーシップなのではないか。

これと同じように、ＢＬＰも、学内外の資源動員の創造的正当化を行なってきた事例だと言えまいか。例えば、リーダーシップ教育をより効果的に行うためにウェルカムキャンプや基礎演習と統合するよう学部教授会に提案したこと。外部クライアントの来校とＳＡの便宜およびコーディネーションの容易化のために全15クラスを同一時間帯に開講できるように大学と交渉し三年がかりでようやく実現したこと。学生のリーダーシップを生かしたロールモデルを提供しピア・カウンセリングを行うためにＳＡの役割を広げ、ＳＡ同士の横の連携と事前研修を強化するためにＳＡの合宿の費用を支出できるように大学および文科省と交渉し実現したこと。さらに、これらの活動資金を調達し、相互フィードバック記録を保存することが可能なポートフォリオを作り、膨大な事務作業と企業連携をこなすスタッフを雇用するために外部資金を獲得したこと。こうしたことは「大学教育アントレプレナーシップ」と呼ぶのが適切であると思う。そしてこれを支えたのは、（企業内アントレプレナーシップの場合の有志社員のリーダーシップと全く同じように）、実は教員と学生の、カリスマ性や権限によらないリーダーシップ（ピア・リーダーシップ）なのだと思う。ＢＬＰの教員団をコーディネートしているのは私だが、私がサバティカルの一年間（２０１１年秋から２０１２年夏）は私がいなくても私以外の教員によってオペレーションが可能であったし、毎年のようにどこかしらの科目の大幅刷新があるときにも、私が依頼するというよりも教員のかたがたの中から自発的に改善提案を出す人が代わる代わる現れて、わずかばかりの委託料で教材改訂作業の担当に志願してくださる。それを実現するための「資源動員を創造的に正当化」して大学や学部を説得する部分を主査が分担してきたとも言えるだろう。

このように、ＢＬＰのおこなってきた大学教育アントレプレナーシップは、教員と学生のリーダーシップによって実現してきた。それではこのリーダーシップというものは何なのだろうか。日本での「リーダーシップ」の意味と海外とくに米国等での「リーダーシップ」の意味に違いはあるのだろうか。これについて章を変えて詳しく論じよう。

参考文献

武石・青島・軽部［2012］『イノベーションの理由　資源動員の創造的正当化』、有斐閣。

Chapter Two：リーダーシップと呼んでいいですか？

「リーダーと聞いてどんな人を思い浮かべますか？」これはＭＢＡや経営系の学部のリーダーシップの授業の初回の、一つの典型的な始まりかたである。受講生から織田信長、高校の恩師、キング牧師などさまざまな例があがる。両親と答える者もいる。これらの例をいくつかの軸（権限の有無や、ビジョンの有無等）で分類して、受講生たちのリーダー像を浮かび上がらせ、リーダーシップとリーダーの違いは何か、という話に移っていく。しかし多くの日本の企業リーダーシップ研修において、こうした導入部は必要ない。リーダーとは権限者や経営者のことであり、リーダーシップとは権限者や経営者のもつべきスキルと知識のことだと考えられているからである。

ところが、そうしたいわば組織のトップや上位階層だけのリーダーシップでは環境の激変に即応できないことが徐々にはっきりしてきたため、一部の企業では最近、権限者だけがリーダーシップを発揮すべきであるという考え方から、徐々に全員がリーダーシップを発揮すべしという方針に転換しつつある。特に外資系企業ではこの比率はさらに高いように思われる。全員が発揮すべきである、ということは、命令権限のない者も発揮すべしという意味であり、日本の通念でいうリーダーシップとは異なってくるかもしれない。しかし今後日本の企業でもますます必要な場面が増えると思われる「多国籍チームでのリーダーシップ」については「権限のない自然発生的なリーダーシップ」が世界標準になると予想される。従ってリーダーシップの語義についても、日本ローカルの意味ではなく、世界標準に合わせたほうがいいと考える。

(1) 自然発生的なリーダーシップ

権限のない者が発揮するリーダーシップはどのように発生するか。それは組織が成果をあげる必要性があって、その必要性に気づいたものが周囲の者に声をかけて一緒に動こうとするときに始まる。この「組織」は会社でも家庭でも町内会でも、また友人同士であってもよい。時にはまったく面識のない者同士でも発揮されることがある（街なかで誰かが突然倒れたときに手分けして救急車を呼んだり、人工呼吸を始めたりするとき等）。こうした権限のないリーダーシップ（leadership without authority）は、自然発生的リーダーシップ（emergent leadership）と呼ばれ、権限者から任命されて発生するリーダーシップ（appointed leadership）や、選挙によって選ばれる場合（elected leadership）と区別される。また、この種のリーダーシップは複数の者によって発揮されることも多いので、結果として、共有されるリーダーシップ（shared leadership）になりやすい。

(2) 船頭多くして

複数のリーダーがいてもよいと聞いて、一定年齢上以上の日本人ならすぐ思い出すのが「船頭多くして船、山に登る」という格言である。船頭が多いと命令が混乱して船が座礁するというほどの意味であろう。船頭が多いと船がうまく動かないのは、リーダーが大勢居過ぎるせいではなく、船頭たちに真のリーダーシップが無いせいである（伊賀泰代[2012] p.68-70）。つまり、船を安全確実迅速にどこそこの港に向けて運航する、というミッションについて完全に合意があれば、真のリーダーシップのある船頭たちなら、誰が号令をかけようと構わない、と一人の船員であることに徹して仕事をするだろう。そうならないのは、例えば号令を出す快感という自己都合を、船の運航パフォーマンスよりも優先してしまう船頭が居るからであり、その船頭には真のリーダーシップが不足しているのである。従って、組織に属する全員が真のリーダーシップスキルを持っていることは何ら障害にはならない。障害にならないどことか、真のリーダーシップスキルを持っているメンバーが多ければ多いほど、成果は出やすい。

⑶役職と関係のないリーダーシップ

こうしたリーダーシップは、社会通念とは違うのでリーダーシップと呼ばないほうがいい、という意見をいただくことがある。しかし他にいい言葉がないので、リーダーシップという言葉を避けるよりも、これをリーダーシップと呼び続け、それは本当にリーダーシップなのかと問われたらそのたびに実は権限とは関係ないのです、と説明するほうがいいと思う。なぜならそうした意味でのリーダーシップが世界標準になりつつあるからである。また、これをリーダーシップと呼ばないでほしいという人は、日本の場合リーダーシップをカリスマに近いものと考えていることが多い。また、leadershipという言葉が常に自然発生的リーダーシップを意味するとは限らないのは米国でも同様であるが、ただ米国では、権限にもとづくリーダーシップを意味することが日本より多いようである。英語の"leadership"は「リーダーたち」ないし「政権担当者たち」という集合名詞になることすらある。つまりリーダーシップは、米国でも日本でも権限によるものと誤解されがちであるが、日本ではそれにプラスしてカリスマと混同されることも多いのである。

さて、それでは役職や権限とは関係なく発揮される、権限があってもそれをふりかざさずに発揮できるようなリーダーシップは、企業ではどのような場面で登場するのか。ここではとりあえず「ビジョンを示して他人を巻き込む」ような行動があれば、それはリーダーシップであると定義しておく。

まず、社内での地位が対等な社員同士でリーダーシップが発生するならば、それは役職とは関係のないリーダーシップであり、権限のないリーダーシップ（leadership without authority）とも呼ばれる。次に、上司や先輩に対して発揮される部下の側からのリーダーシップ（アイデアを出して上司や先輩の協力を要請する）があれば、それも同様である。同じことは、社内の組織横断的なプロジェクトチームで、他部門の上位者を含む人々に対して若手が発揮するリーダーシップにもあてはまるだろう。社外ならどうか。顧客との関係は、上司に近いものだったり、逆に部下に近いものだったり、対等だったりするだろう。どの場合にもリーダーシップを発揮する場面がありうることは分かりやすいと思われる。こうした意味のリーダーシップであれば、企業の内外で常に発揮されていると思われる。

しかし、それを組織が公式に奨励するかどうかで、リーダーシップを発揮することのリスクが異なってくる。公式に奨励されていないと、リーダーシップを発揮した場合に、もしも成果があがっても「余計なことをしやがって」と逆に評価を下げることもありうるし、成果が上がらないならもっとひどいことになるだろう。逆に権限のないリーダーシップを公式に奨励する企業であれば、若い社員に対してもリーダーシップ研修をおこなう傾向があるだろうし、採用についてもリーダーシップを重視するだろう。また、新人の採用にあたってもリーダーシップを重視すると思われる。

(4)リーダーシップ開発の時期

権限と同一視するならばリーダーシップは練習するものではなく上位の者から与えられるものである。カリスマとみなすのであれば習得不可能なものである。しかし、権限もカリスマも要らないリーダーシップは、訓練によって獲得できるスキルである。そうしたスキル無しにいきなり役職につき、権限を与えられるとリーダーとしては悲惨である。なぜなら、常に権限をふりかざして部下を率いることになりがちで、部下のモチベーションには良くない影響を与えてしまうからである。だとすれば、組織の中で権限を与えられるより前にリーダーシップ・スキルを獲得しておいたほうがよい。さすがに一日や二日で獲得できるものではなく、活動と振り返りと周囲からのフィードバックと学習によって徐々に身につくものであるし、いったん獲得しておけば、権限のないときでも、またどこにいても役立つものであるから、早い時期におこなっておくにこしたことはない。むしろ、権限を持ってしまってからでは遅い。その意味では、大学生までの学生時代は好適であると言える。

参考文献

伊賀泰代［2012］『採用基準』、ダイヤモンド社。

Chapter Three：学生にとってのリーダーシップ

このように学生にとって大学生時代はリーダーシップスキルを身につける（場合によっては最後に近い）重要な時期である。学生のうちにリーダーシップを身につけておけば歓迎される場面は少なくないだろう。多くの企業はもちろん、地域コミュニティや勤務先以外での活動においてもである。

しかし逆に、たとえば三十年前に比べると、例えば高校生や大学生のリーダーシップ開発に関しては、いくつかの意味でハンディキャップないし不利な条件がある。これらは大学でリーダーシップ開発を行なうことの障害にもなりうるものである。本節ではこれらの条件について論じていこう。

⑴消費者・家庭・アルバイト

第一に、社会全体が豊かになり、若者にとっても、消費者としての選択の幅が広くなり、結果として快適な選択ができるようになってきた。これは経済的には間違いなく幸福なことで、ここにこそ経済成長の意味があったのである。ところが、消費者として幸福な状態になればなるほどリーダーシップの出番は少なくなるという面がある。商品Aと商品Bを比べてBを選ぶことにはほとんど何のリーダーシップどころか何の対人スキルも必要ない。また、商品Aが届いたが気に入らないので返品するとか、Bに交換してもらうといったことも、20年前であれば電話や対面での交渉が必要であったが、今はアルバイトと思われるテレホンオペレータ相手の電話やウェブ上で返品・交換手続きが済んでしまい、これまた「反論」や「関係の維持」や「ビジョンの共有」などといったリーダーシップスキルの出番はない。消費者として賢明な選択をおこない、てきぱき行動しているようでもそれはリーダーシップとは全く関係のないことなのである。もしも商品Aでも商品Bでも気に入らなくて、商品Cを作ってくれる企業を探し、他にCを買ってくれる消費者をまとめ、その企業と交渉する、あるいは同志を集めて自分たちで起業してしまう等ということを始めればそれはリーダーシップそのものであるが、そういう必要があまり発生しないのである（けしからん商品Dを見つけて不買運動を組織するような場合もリーダーシップであろうがDよりもっと安くて良いEが見つかれば、わざわざDにかかわっているのは時間の無駄と考える消費者は多いだろう）。

大学新入生の様子を見ると、これは大学生の傾向というよりも、高校生の時点でそうなっているると推測される。消費のためには所得が必要であることは昔も今も同じだが、少なくとも三十年から四十年前は高校生のアルバイトは一般的でなかったから、一般的な家庭の高校生の所得源としては親に小遣いをもらうしかなく、小遣いをもらうために家事や家業を手伝うならばそれが大人の世界への入口だったのかもしれない。家事や家業を手伝えば、親や家族と一緒に働くことになって、それが自然に一種のリーダーシップ教育になっていたのだろう。その意味では、手伝いはいいから受験勉強しなさいと言って小遣いをいわばタダで与える家庭が増えたあたりから家庭のリーダーシップ教育力は落ちてきたのかもしれない。では高校生や大学生のアルバイトは、リーダーシップ教育の場になっているかどうか。これについては例えばアルバイトを雇用している企業に対して「アルバイトからの改善提案を期待していますか」などといったアンケート調査を実施してみると面白いかもしれない。学生から時々私が聞く範囲では、そのような職場は例外的で、多くの場合アルバイトのリーダーシップは全然期待されていないし歓迎もされないという職場も少なくないようではある。高校がリーダーシップ教育の場として機能していたのか、また最近はどうかについても調査が必要かもしれない。

(2)体育会と正課外教育

体育会は学生がリーダーシップに関する経験を積む場所として実は充実していると言える。卒業生やコーチ、さらに上級生が強い権限を持っていて、垂直的なリーダーシップになりがちであるが、それでも団体戦で他校に勝つことがミッションとして重視されている場合は、競技の実力を重視せざるを得ないので、最も重要な種目に出場するのが下級生でありながら、上級生との上下関係は維持されていたり、上級生の中でも、競技における個人的技量の最も優れている者が必ずしも部長や主将になるとは限らない等といった、面白い現象を経験することができる（いわゆる文化系の部活でも高校までの吹奏楽などはこれに近いかもしれない）。さらに、高い成果目標（リーグ戦のおける昇格など）がかかげられているので、リーダーシップのある部員が多いほど成果があがりやすいはずである。ここに授業としてリーダーシップ開発の科目を組み合わせればかなり面白い学習が生まれると思われるのである。小生は、たまたま立教大学テニス部の部長（顧問）でもあり、簡単なリーダーシップ研修を行なってみたところ大いに手応えがあったので、リーダーシップを涵養する場として将来性があるのではないかと考えている。

ところが長期的に大学生の中で体育会への加入する者の割合は減っていると聞く（ちな

みに文化部の中でも最も競技志向の強いらしい吹奏楽についても、中学や高校でやめてしまうものが大半で、大学以降まで続ける者は少ないらしい）。消費者として高校生や大学生が洗練されてくるのにともなって、消費と違って予め満足度が推定できないものに時間や手間や金を投じることを嫌うようになるのは自然なのかもしれない。その意味で、体育会をいやがらなかった昔の大学生に根性があって、敬遠しているいまの大学生が軟弱なのではない。いまの大学生に豊かで快適な消費の選択肢が多数あるため、それらと比べて、よく効果の分からないわりに時間や手間のかかって苦労も多そうな体育会が敬遠されるようになった、というだけなのではないかと思われる。ただ、そうした選択の結果、リーダーシップ経験の有力な場所が活用されることが減ってきていることにはなり、いささかもったいない。体育会の活動と勉学を両立するように努力することをよく「文武両道」と称するが、私に言わせれば体育会の活動は身体の能力と、同時にリーダーシップを鍛えるフィールドでもあるので、文と武は対立する（時間をうばいあう）ものでは必ずしもなく、ある条件が満たされていれば、部活動（武）をおこなうことでリーダーシップというジェネリックなスキルの勉強（文）にもなる可能性がある。つまり部活動の内部に武はもちろん、文の重要な部分（リーダーシップ涵養）が既に含まれているのである。

(3) 立教大学経営学部ビジネス・リーダーシップ・プログラム

このように、大学の外では経済が成長し消費者の力が増し家庭単位で働く機会も減ったこと、大学の体育会の加入者が長期的に減っていることなどから、リーダーシップ教育の機会は減ってきたのであるが、教育関係者にはそのような認識は共有されていない。そもそも、リーダーシップ教育というものが正課で必要なものという考えが共有されていない。その点では多くの教育関係者のリーダーシップ観は世間一般の「リーダーシップは、もし必要なものであるとしても教育可能なものではなく生まれつきのカリスマである」、あるいはさらには「エリート教育である（から良くない）」といったものと変わりないので、そこから大学入学者へのリーダーシップ教育が必要であるという発想はうまれづらかったと思われる。

また、経営学部や経済学部の専門科目として「リーダーシップ」が置かれていることは少なくないが、必修であるケースは稀であるし、内容としても、リーダーシップ開発よりは、リーダーシップという社会科学的に不思議な現象を解明するという意味でのリーダーシップ論に重きがおかれている場合が多かったようである。これに対して、ＭＢＡなど社会人対象の大学院では開発に重点をおいたリーダーシップの授業が開設されていることがむしろ普通である。これも、リーダーシップスキルが必要になるのは管理職を意識するようになってから、という古い発想が、学校側にも学生側にも根強いことの反映ではないかと思われる。

このような条件のもとで、学部初年から必修のリーダーシップ・プログラムを創設することはかなりの挑戦である。特に、リーダーシップは自分には無縁のものと思い込んでいる学生に、絵空事でないリーダーシップを実感してもらうためには、まず消費者としての姿勢を脱して提案者に変わってもらうこと、そしてその提案に対して教師以外に聞き手がいることが重要であると考えて、企業や官庁など大学外のクライアントを設定した問題解決プロジェクトによるプロジェクト・ベースト・ラーニングを通じてリーダーシップの必要性を体感してもらう設定が良いと考えて、このプログラムの中核に産学連携あるいは官学連携を組み込んだのである（産学連携については次節で詳しく説明する。また、産学連携以外の授業プログラムの主な特色についてはぜひ紹介ビデオを参照されたい。http://cob.rikkyo.ac.jp/BLP/about.html）

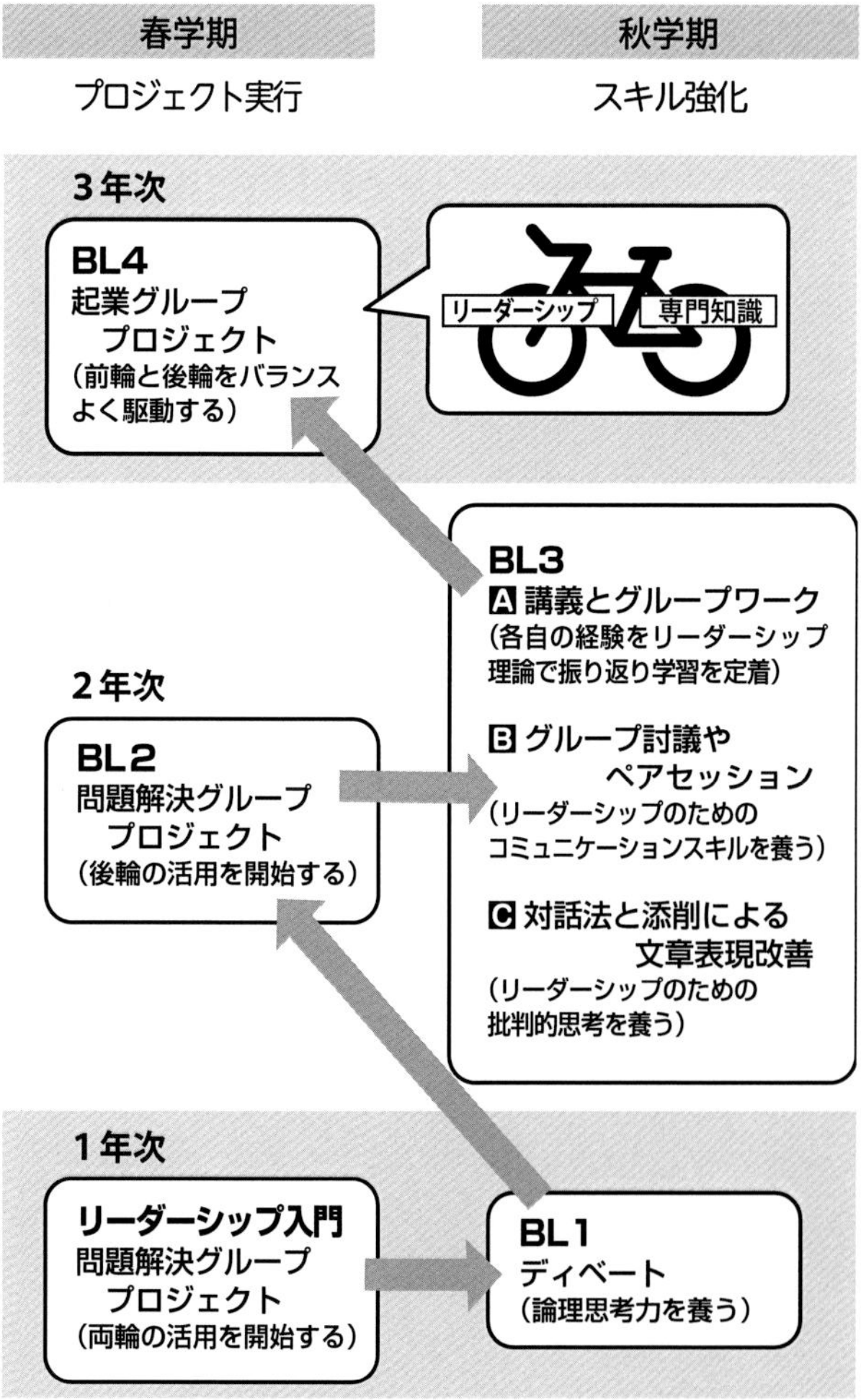
春学期
秋学期
プロジェクト実行
スキル強化
3年次
BL4
起業グループ
プロジェクト
（前輪と後輪をバランス
よく駆動する）
リーダーシップ
専門知識
BL3
A 講義とグループワーク
（各自の経験をリーダーシップ
理論で振り返り学習を定着）
B グループ討議や
ペアセッション
（リーダーシップのための
コミュニケーションスキルを養う）
C 対話法と添削による
文章表現改善
（リーダーシップのための
批判的思考を養う）
2年次
BL2
問題解決グループ
プロジェクト
（後輪の活用を開始する）
1年次
リーダーシップ入門
問題解決グループ
プロジェクト
（両輪の活用を開始する）
BL1
ディベート
（論理思考力を養う）

Chapter Four：産学連携とリーダーシップ教育

もともと産学連携といえば、典型的には大学の理学部や工学部が企業と連携して共同で研究や技術開発を行うことがイメージされるようなことが多かった。しかし最近では、文系学部の専門授業やゼミ、あるいはキャリアセンターなど学部横断的組織が担当になって、学生の発想を取り入れた商品開発や、企業のかかえる問題について学生がコンサルティングの練習をさせてもらうといった連携も増えてきた。その意味では研究面での連携から、教育を含めた、より広い連携が広がってきたとも言えるだろう。

立教大学経営学部BLPについては、プロジェクト型授業の中での企業との密接かつ大規模な連携のしかたで注目をいただくことが多く、そのおかげでBLPの本旨がリーダーシップ教育にあることが充分に見ていただけないことがあるほどだが、実は連携相手が企業であることは大学でのリーダーシップ教育にとって必ずしも不可欠というわけではない。問題解決プロジェクトを授業の中心に据えるとしても、その問題の出題者が企業であることは必ずしも必須ではなく、例えば自治体やNPOや大学の近隣団体でもよい。実際

ＢＬＰでも２００７－８年度には豊島区役所（ウェルカムキャンプとＢＬ１）やＮＰＯ法人ＥＴＩＣ（ＢＬ３）にクライアントになっていただいたことがあるし、ＢＬＰ自体がクライアントになって学生諸君からプログラムの改善提案を求めたこともある。また、問題自体を誰かから出題してもらう（クライアントを設定する）ことすらも必ずしも必須ではなく、学生たちが自分たちで問題を探してくるという設定も充分ありうるし、むしろそのほうが教育的効果も高い場合もあるだろう（ＢＬ４でそのように設定したことがある）。米国の student leadership program の最有力な理論である Social Change Model of Leadership Development でもそうした企業以外のクライアント選びや自分たちでの問題探しが想定されている。

とはいえＢＬＰでは、最近数年は企業との縁に恵まれ、ＢＬＰ側の営業・連携体制も整ってきたこともあって、企業が喜んでクライアントになってくださることが増えてきた。この章では、問題解決プロジェクトの出題者（クライアント）として企業をお迎えすることのＢＬＰにとっての意味、企業にとっての意味について議論したい。

(1)企業にとっての連携の意味

ＢＬＰと連携してくださる企業の方々は、大きく分けて三つの動機というか、意味を求めて来てくださっているように思われる。第一に、ＢＬＰとの連携は、企業が消費者としての学生の考えを詳しく聞く機会であり、単発の意見聴取・アンケートよりも長期にわたり詳細に、消費者の視点から出発し、さらにそれを超えて提案者としての建設的なアイデアまで得ることができる。２０１０年度ＢＬ２のクライアントであった日産自動車商品企画本部の担当者曰く、「フォーカスグループインタビューなんかにお金をかけてやるのよりも、はるかに真剣に、そこにわれわれの落としたいお客さまが車について悩んでくれて、いろんな言葉を、いろんなヒントをわれわれにくれたということで、商品企画業務にとってものすごく非常に大切な宝物になったなあと思っています」（２０１０年7月13日立教大にて開催されたシンポジウム「産学連携によるリーダーシップ開発授業~日産自動車＋モスフードサービス＋立教大学経営学部ＢＬＰ」議事録より）。また、二百人から三百数十人の学生に自社と自社製品について知ってもらう機会にもなっているようである。第二に、企業が最近の学生の生活ぶり勉強ぶりを知る機会であり、自社の若手社員と比較して研修方針の参考にし、場合によっては新卒採用の参考にすることができるという。第一のものは、社内で言うとマーケティングや商品開発部門にとってのメリットであり、第二のものは人事部のそれである。ＢＬＰが過去にご一緒した企業の場合、人事部発であっても途中からマーケティング部門を巻き込むなど、社内の横の連携が広がるような形になってくると企業としてのコミットメントが深まってきてプロジェクト自体も盛り上がることが多い。とは言え、ここまでにとどまると、企業は企業としてのメリットを感じ、ＢＬＰはＢＬＰとしてのメリットを感じて、give and take するのが産学連携であるということになる。

第三のパターンとして、最近ではさらに一歩進んで、ＢＬＰの「権限のない状況でも発揮できるリーダーシップ」(leadership without authority) に強く共鳴してくださって、ＢＬＰとのコラボを社員教育ないし研修の一環であると位置づけて、学生ともども社員も学ぶ場としてとらえて頻繁に大学を訪問してくださる企業も出てきた（例えば２０１２年度ＢＬ０クライアントの日本ヒューレット・パッカード社）。従来から、ＢＬＰで教えているリーダーシップが、企業などでも通用するスキルであることを確認し、プログラムをさらに改善していく材料を集めるための機会として、小規模ながら、教員とＳＡが出かけていって企業研修をお手伝いすることを恒常的に行なってきたので、別の企業の方々がそのように「権限のない状況でも発揮できるリーダーシップ」にご賛同のうえでクライアントになってくださったのは大変うれしいことであった。

⑵ＢＬＰから見た産学連携

もともと、学生にとっての教育効果をねらって産学連携を始めたので、ＢＬＰにとっての産学連携の意味の多くは教育上のものである。まず、教員ではなく外部のクライアントが登場すると、学生の意欲がかきたてられる。教員が授業のために架空に作った課題ではなくて、実在の組織が実際に学生の提案を求めていることがはっきりするからである。提案の中で優れたものは実際にクライアントに採用されて実現する可能性があるということになると学生の意欲は、さらにいっそう高まるが、しかしこうしたいわば舞台装置だけを派手にしていくことには危険性もある。それは、プロジェクト自体に夢中になるあまり、学生が（場合によっては教員も！）、この授業の目的がリーダーシップ涵養であることを忘れがちなことである。それを忘れてしまっては、数多い企業主催のビジネスコンテストと何ら変わりないことになってしまう。一般に project-based learning でも service learning でもそうなのだが、何のためにプロジェクトやサービスを学生が経験しているかを予めはっきりさせておかないとなおさらそういうことになりやすく、「頑張りました」や「いろいろ経験しました」で終わってしまうので特に注意が必要である。プロジェクト終了後のリフレクションの仕組みを作っておき、それをシラバス上にも最初から明記し、リフレクションの内容はポートフォリオに格納して保存しておいて後からいつでも閲覧できるようにするほうがよいだろう。

教員にとってクライアントとして企業を迎えることの意味も小さくない。経済・経営・商学部などのゼミで企業をクライアントとしたプロジェクト型の授業をおこなっている教員の方々は少なくないと思われるが、おそらくプロジェクトを、知識を応用するアウトプットの場として位置づけているのではないかと思われる。そのとき、問題解決に必要な知識を、ゼミの担当教員自身がプロジェクト開始前やプロジェクト進行中に教えたりすることもあると思われる。問題解決のためのツールは、実際に使うタイミングに近い時に教えるほうが定着度がよく、意欲もわくので、これは大いに推奨できる方法であろう。しかしBLPではプロジェクトを含む科目は他クラス同時展開であることが大半（例えば1年前期のBL0は18クラス）なので、学生たちが自分たちのプロジェクトで行おうとしていることに応じて必要な知識をその都度インプットするように教員に対して依頼すると、担当教員の専門分野の違いから、クラス間で授業内容（特に教員のインプット内容）があまりに違いすぎて学生の苦情が殺到する恐れがあるため（実際BLP発足当時にはそのようなことが頻発した）、教員は質問を投げかけることによって学生に気づきを与えるコーチ役に徹してもらう。また、そのために毎年冬に教員とSAはアクション・ラーニングの研修を行なっている。

(3)企業と教員の目的の違い

上述したように、もともと企業がBLPに協力してくれるのは、大学生の教育とは別の、企業としてのメリットがあるからなので、その意味では両者はやや異なった目的のために協力しているとも言える（「権限のないリーダーシップ」に賛同して社員を送ってくれる場合だけは目的も非常に近いということができるだろう）。この違いが学生の目にも明らかになる可能性が高い機会の一つは、コンテストの審査である。クライアントによっては、売れる商品やサービスの企画のヒントを得ることを主な目的として協力してくれる企業も時々はあるので、その場合は、アイデアの斬新さに重きをおいて採点しがちである。実行可能性は自社に持ち帰ってチェックするから学生諸君による吟味は重視しないし、プレゼンテーションのスライドとスライドの間に飛躍があってもあまり気にしない。これに対して教員は、アイデアの斬新さ、論理性、実行可能性（費用対効果）、プレゼンテーションなどを同じウェイトで評価するように毎学期申し合わせているから、採点傾向に違いがあっても無理はないとも言える。その場合に、あまりよくない解決方法としては、教員と企業の合議がある。なぜ良くないかというと結果として足して2で割るような採点になることが多いからで、学生に採点の意図が伝わりにくくなる。また、企業側の採点を主な賞の根拠とし、教員側の採点による最高得点チームにいわば残念賞（名前はどうであれ）をあげるのもあまり良くないと思う。むしろ、企業の採点と教員の採点で対等な2つの賞を与え、受賞者が重複することもありうることを「予め」明言しておくのが良いだろう。

(4)産学連携の支援体制

こうした産学連携には教員やSAによるもの以外にも、多様な支援が必要になる。第一に大学側の意図にマッチした企業探しに時間と費用がかかる。BLPでは初期には教員の知り合いのいる企業に打診していたがすぐそれも尽き、教員自らBLP営業のために企業を多数回るようなことも行なっていた。しかしこれをすべて教員の手で自ら行うことは、

（最初は教員の社会勉強になる面もあって悪くないのだが、毎年・毎学期のこととなると）無理があり、職員による支援が不可欠である。また、歴史のある学部では卒業生による支援も期待できるかもしれない。第二に、学期中の授業については、企業側の方々にも、学期前の打ち合わせ、教室での最初の課題提示、中間の質疑応答、コンテストの審査の最低4回（連携のしかたによってはもっと頻繁に）ご足労いただくことになる。こうした連絡業務についても、大学側は職員の支援があると非常にありがたい。第三に、上述したような、マーケティング面、新卒採用プロモーションの面、さらに広義の社員研修の面などにメリットを認めてくださるクライアント企業からＢＬＰへの経済的支援も定着して、ＢＬＰの円滑な運営に大きく貢献している。

Chapter Five：アクティブ・ラーニングとアクション・ラーニング

ＢＬＰのような課題解決型の授業では、教師の立ち位置が重要である。教師自身がその課題を解決できる、あるいは正解を知っていると思うときほど、それがデリケートになってくる。すなわち、正解を教えてしまったり、正解に導く直接のヒントを与えてしまっては、受講生が自分で調べたり考えたりする機会をみすみす逸してしまうことになりかねず、その意味では自制が必要である。それどころか逆に、正解を教師が知らないときですら、受講生の学習過程を支援することは可能である。といおうか、そうした支援こそが仕事である。教員がそうした役割を常に意識し、そうした言動を自然にできるようにするトレーニングがある。その一つがアクション・ラーニングである。また、学生の能動的な学習のことをアクティブ・ラーニングを呼ぶことがある。この二つの、やや似た名称の学習方法は、多少は共通点があるものの、そもそも全く別物である（高校物理教育のアントレプレナーである小林昭文さん（埼玉県立越谷高校教諭）は、この二つが同じ略称ＡＬをもっていることを逆手にとって、「ＡＬ＆ＡＬ」と呼んでいる）。アクティブ・ラーニングは教室における受講生と教員の関係性の種類を指していると言ってよく、リーダーシップ教育とは直接の関係はない。つまりアクティブ・ラーニングを使うからといってリーダーシップ教育になるといった関係にはない。他方、アクション・ラーニングは主にリーダーシップ・スキルとしての質問力を獲得するためのトレーニング手法であって、問題解決行動を共有し、その過程を経験として振り返ることによりリーダーシップを鍛えていく手法である。これらについてもう少々説明しておこう。

(1)アクティブ・ラーニング

まず、リーダーシップ開発の授業や研修はほぼ確実に広義の（低次の）アクティブ・ラーニングの形をとるものだと言って間違いではない。というのは、受講生にリーダーシップスキルを身につけさせるという目的の授業を設計するのであれば、授業時間内に受講生にリーダーシップのある行動をしてもらったり他人のリーダーシップを目撃してもらったり等の体験が効果的なので、授業の形態としてはワークショップやグループ・ディスカッションが自然に多くなり、その結果として本人の能動的な参加による理解という意味でのアクティブ・ラーニングになりやすいからである。

なお、いわゆる「高次のアクティブ・ラーニング」のように、ラーンした知識を活用する場としても機能することを意識して設計された学習環境の場合、双方向に授業をおこなっているだけでは足りず、さらに重層的な設計を行う必要がある。ＢＬＰは経営学部で行われているので、特に問題解決プロジェクトにおいて学生が使えそうなツールを含んでいる授業の教員と連携して、その授業内で「このツールは今学期の（来学期の）ＢＬＰで使えそうですよ」と言ってもらうだけで、その授業の集中度が上がるし、ＢＬＰ側でも、ＢＬＰは経営学のツールを学ぶ場所ではなくむしろそれを使う場所であるという趣旨が周知徹底される効果がある。典型的にはマーケティングやファイナンス関係のツールである。

リーダーシップは経営学部のみで教えるべきものではないので、他の学部で専門科目とともに、専門科目との相乗効果を狙って設計したいという学部があって何ら不思議はない。実際、工学部発のリーダーシッププログラムも米国では珍しくない（たとえばジョンズ・ホプキンズ大学のWhiting Engineering Schoolと学生部のLeadership Programs and Assessment Initiativesの協同プログラム）。そのとき、課題解決プログラムの課題として、専門科目の知識を使うようなものを設定すればよいのである。課題解決型やプロジェクト型の授業を作ることが可能であるような学部・学科であればどの学部・学科でも、それをリーダーシッププログラムとして展開し、なおかつ専門科目との相乗効果を狙う（いわゆる高次のアクティブラーニング）ことが可能であると私は考える。また、学部縦割りではなく、学部横断的なプログラムとして展開することにも、学生の多様性（ダイバーシティ）をお互いに活かすという大きな意義がある。その場合の課題設定は特定の専門分野に偏らないように配慮するのが一法であろう。あるいは若干特定の専門知識を必要とする出題であっても、問題はその専門知識を使う「だけ」では解けないように設定してあれば、さまざまな分野出身のメンバーを協同させる良いプログラムになるかもしれない。

(2) アクション・ラーニングとリーダーシップ開発

他方、言葉としてはよく似ているが非なるものであるアクション・ラーニングについてはどうか。アクション・ラーニングは日本では質問会議とも呼ばれている（清宮 [2008]）。質疑応答による問題解決とグループ・コーチングの組み合わせによってリーダーシップを開発する環境のことであると言ってよい。このアクション・ラーニングを、大学でのリーダーシップ教育のツールとしてＢＬＰが取り入れようとしている理由は大きく分けて３つある。第一に、問題解決プロジェクトを通じてリーダーシップ体験をしてもらうときに教員やSAの立ち位置のトレーニングとしてである。アクション・ラーニングにはコーチと呼ばれる特殊な立場のメンバーが各グループに一人ずついて、問題解決そのもの（コンテンツ）には立ち入らず（その意味でファシリテータとは違う）、グループのメンバーの相互作用やリーダーシップ、さらに組織学習を支援するような質問を投げかけ、メンバーに答えさせる（プロセスへの介入）。よく似た手法に個人コーチングがあるが、相手を個人ではなくて敢えてグループに設定することによって、リーダーシップについての学習支援を行うことができるのである。このアクション・ラーニング・コーチのポジションは、BLPのような問題解決プロジェクトが進行中の教室の中で、教員やSAがどのような役割を果たすべきかについて非常に重要なヒントになる。受講生が「ここ、どうしたらいいでしょう？」と質問してきたら、「〇〇はもう試してみたの？」などとヒントを出してしまわずに、「いままでどんなことを試したのですか？」と返して漏れがあることやグループメンバーの間での共有が充分でないことに気づかせ、「いつ頃からそこで止まっているの？」と尋ねて、重要でないことに時間をかかっていることや迂回路があることに気づかせることができるかもしれない。従来、大学の教師は教室で自分の専門知識を学生にインプットすることに慣れているので、学生から質問されたときに、ついつい具体的な知識まで教えてしまう傾向があって、もしそのようにしてしまうと学生は自分で考えたり調べたりする機会を逸してしまう。このとき教員にとってアクション・ラーニング・コーチの経験は非常に役に立つであろう。また、ＳＡもいわば先輩風を吹かせて「私ならこうする」などと助言しがちであるところを、助言以外の支援のしかたがあることを予め理解していることになる。教員はティーチングとコーチングを意識して使い分けることができるようになれば理想的であろう。さらに、受講生が、教員もＳＡも知らない知識を獲得するに至っても、コーチという役割なのだから動ずる必要はない。知識伝達を唯一の役割と信じている教員であれば、受講生のほうが知識を先に獲得してしまえば困惑するかもしれない。ただ、一流の教師は学生が自分を超えて成長することを予測・期待しているものであり、その意味では、意識しなくともコーチの同じスタンスをとれるのだとも言える。コーチングスキルの意識的習得はそれを意識的にも行えるようになるという意味を持っているのかもしれない。

第二の目的は、第一章「リーダーシップと呼んでいいですか？」でもふれた「新しいタイプのリーダーシップ」にかかわることである。すなわち、アクション・ラーニング・

コーチの役割は、問題解決の詳細（コンテンツ）に介入することではなくて、質問を通じてメンバーの間のリーダーシップやコミットメント、さらに組織学習を促進することである。これは新しいタイプのリーダーシップの一つに他ならない。また、コーチだけでなくメンバーも問題提示者もそれぞれリーダーシップを発揮している。メンバーは、質問によって互いに学習を促されるので、良い質問を発することは学習と問題解決の双方でリーダーシップをとることに直結する。特に新しい視点を与える質問のしかたは重要なスキルである。問題提示者もいろいろな形のリーダーシップをとりうる。ここでは二つあげておく。

まず、問題提示者は、どんな問題を持ってくるかで最初のリーダーシップを発揮する。持ってくる問題は「自分自身の問題」であることを要請されるのだが、このときに自分の悩みのような問題であれば明らかに自分の問題であって、それをとりあげること自体にはあまりリーダーシップを要求されない。しかし、皆の問題であって自分だけの問題ではないような場合、それを自分から進んで問題として取り上げ、自分が解決したいと宣言することは典型的なリーダーシップである。例えば、学生の持ってきそうな問題を例にとると、あるサークルなり部活動で全体にかかわる問題（練習に来ない幽霊部員が多い等）が発生していて、部長でも役職者でもない者が、これを自分の問題として取り上げる場合である。

これは役職者の問題であると考えるのが、古い日本式のリーダーシップ観である。全員の問題であると考えて自分も解決に貢献しようと考えるのが新しいリーダーシップ観である。別の表現をすると、「これは自分の問題である」と問題のオーナーシップを宣言することが新しいリーダーシップなのである。もう一つ問題提示者がリーダーシップを発揮しうる場面は、問題再定義である。アクション・ラーニングのハイライトともいうべき「問題の再定義」が良い形で発生するためには、最初の問題定義が不十分ないし不適当であったことを質疑応答を通じて問題提示者が納得し、その場で学習して真の問題に近づく再定義に取り組まねばならない。つまり問題提示者は先頭にたって学習しその成果をひねり出すことが期待されるのである。

第三の目的は、グローバルな環境でのリーダーシップに関わっている。日本から米国などに留学や出張・駐在した経験のあるかたにはすぐ分かっていただけるように、英語で何かを主張することによって価値を生み出すよりも、良い質問をおこなって価値を生み出すことのほうが語学的にはかなり易しい。もちろんどんな質問でもいいわけではなく、質問された人に気づきや学習があって価値を生み出すような質問でなくてはいけない。しかしそうした質問のしかたは母国語で練習しておけば比較的に容易に翻訳可能である。あるいは英語でアクション・ラーニングを行うことも英語で主張しあう（例えばディベート）に比べれば語学的な敷居は低い。従って、日本語または英語でアクション・ラーニングをおこなって英語の質問力を高めておくことは、グローバル環境でのリーダーシップ発揮のための非常に有用でなおかつ語学的な敷居の比較的低い準備になると私は考える。

アクション・ラーニングはこうした様々な目的に役立つと考えられるが、他方、そのセッティング上、いくつかの制約があり、これが学校や組織で導入する場合に問題となることがある。

まず、アクション・ラーニングは人数や班分けに柔軟性があまりないため、大規模に実施するには時間とコストがかかる。また、セッションを重ねていくと全員一応コーチ役ができるくらいに習熟してきたとき、そのメンバーでセッションをおこなうと、本来コーチが果たすべき役割をメンバーが先回りして協力して果たしてしまうためコーチの真の練習になりづらいという問題も発生する。その対策としては常に新しい（アクション・ラーニング未経験の）メンバーを補充するか、別の場所でメンバーを見つけてセッションを主催し記録を提出してもらうという外部セッションジャーナルの宿題を課すのがよいだろう。あるいは、時間はかかるが、全てのメンバーを一斉にセッションに参加させようとせずに、目標になる人数の五分の一か六分の一くらいの人数にまず参加してもらってコーチになれるくらいにまでトレーニングし、そのコーチ達が散っていってセッションを広げていくという雁行方式は、全員がセッションを経験し終わるまでに日数はかかるものの堅実な方法であると思われる。

次に、学生同士でセッションを行う場合に固有の問題として、アクション・ラーニングに必要な「さしせまった問題」がなかなか用意できないという問題がある。さしせまった問題がなぜ必要かというと、さし迫るに至るまで先送りにされてきた、ある程度複雑でステークホルダーも多い問題である可能性が高いし、問題提示者も、是非解決したいと考えているので学習意欲も高くなると予想されるからである。ところが学生の場合、私どもの経験では「留学に行くかどうか迷っている」か「アルバイトと勉強の両立ができなくて困っている」「アルバイトを変えるかどうか迷っている」くらいで、誰でも似たり寄ったりの問題が多いうえに、それほど緊急でもないことが多い。なかには「私、何も問題らしい問題は抱えていません」と嬉しそうに言う者までいる。社会人ならそうしたことは珍しいと思われる。そこで、学生と社会人を混ぜてセッションを行うことができれば、問題の適切さという意味でも、また学生・社会人双方の学習という意味でも大きな成果が期待される。

私自身、問題提示者になって、学生ばかりがメンバーのセッションにBLPやGLPの運営上の問題を持ち込んでみると、問題解決についても、また学習についても得るところが多かった。

参考文献

Marquardt, Michael J.[2004], Optimizing the Power of Action Learning, Davies-Black,（清宮・堀本訳『実践アクション・ラーニング入門』、ダイヤモンド社）。

清宮普美代 [2008]『質問会議』、PHP 研究所

Chapter Six：ピア・ラーニング、ポートフォリオおよびＳＡの役割

ＢＬＰでは、教員からのみならず、同僚やＳＡからも積極的に学ぶこと（ピア・ラーニング）ができるように環境を用意している。そのための仕組みが、ＳＡ制度、３６０度フィードバックとポートフォリオ等である。

(1)ＳＡ制度

ＢＬＰにおけるＳＡの活動は、他のプログラムには見られないユニークなものと言ってよさそうである。もともとＳＡは、立教大学（および他大学）では、ＴＡ（teaching assitant）の学部学生版、つまり学部学生が教員のアシスタントを務めるものを指し、ＢＬＰの発足以前は受講生の授業への出欠をとったり、宿題を回収したり、パソコンを運んだり、といった事務的な補助作業を主な仕事としており、主に大人数の授業に配置されていた。ＢＬＰをスタートするにあたり、補助作業のみならず、学生の学習状態をつぶさにモニターすることが不可欠と考えたので、少人数クラスであっても一学年うえの先輩を各

クラス1名ずつ配置して、教員が受講生の状態を把握することを支援する役目を依頼した。というのは、知識をインプットするのが目的であるような講義であれば、学生は教壇に向かって座っているので理解度は教員が学生の目を見ていればかなりの具合で分かるだろうが、ディスカッションやグループワークの状態は、教壇からでは極めて把握しづらいし、教室の中を一人で歩きまわっても限界があるし、何よりも年齢の近い者のほうがボディランゲージを含めて把握がじょうずだからである。授業の前後に簡単な打ち合わせをすれば、当日扱う内容のどこが分かりづらそうか等についても的確な助言を与えてくれることが多い。ＢＬＰの場合、教科に興味をもつ熱心な学生が多数居て、意欲と能力の高い受講生が翌年度のＳＡに志願してくれるので、ＳＡとして教室に入ると後輩たちのロールモデルになることも大変多いという好循環があることも特筆される。ＳＡが受講生のグループワークに介入するときには前章で述べたようなコーチ的なポジションからのフィードバックが有用と思われる。

⑵ポートフォリオと３６０度フィードバック

こうしたＳＡからフィードバックや、教員、さらに同僚からのフィードバックはリーダーシップ涵養に最も効果的である。ＢＬＰではＬＭＳの機能を併せ持つポートフォリオを独自開発して使用している。市販のポートフォリオでは、３６０度フィードバックをＬＭＳにおける宿題のように課すことのできる（つまり全員がフィードバックを提出したことを教員やＳＡがひと目で確認できる）ものが見当たらなかったので独自に作ったのである。フィードバックとは別に、学生は宿題として毎学期リーダーシップ持論（リーダーシップにとって何が重要かについての自分なりの理論）をポートフォリオ上に載せる。リーダーシップにとっての何が重要かについては専門家の間でも一致した決定的な理論がないのが現状なので、そこを逆手にとって、持論を改訂していくのがリーダーシップ開発の定番になっている。持論がどのように進化しているかも、学生・ＳＡ・教員が常に見ることができて、これも日頃からリーダーシップを意識してもらうための刺激になっている。なお、リーダーシップについて決定的な理論がないからといって、持論を書かせるに任せるのは良くないので、複数のシンプルな理論をある段階で提示して、それまでに各自の書いてきた持論と照らしあわせてもらうことにしている。

Chapter Seven：米国のStudent Leadership Program

米国では１９９０年代半ばから急速に学部学生のためのStudent Leadership Programが発達してきたのだが、２００５年ごろ立教大学ＢＬＰを設計するときにはＭＢＡや米国大学の経営学部のカリキュラムはベンチマークしていたものの、ビジネスと関係のない学部やプログラムは度外視したため網から漏れていて、うかつにもつい最近までその急速な成長を認識していなかった。しかし（幸か不幸か）ＢＬＰとかなりの共通点がある。

わが国のＭＢＡや経営学部などでのリーダーシップ教育と比べて、Student Leadership Program の大きな特徴は、第一に「権限や役職と関係のないリーダーシップ」を特に重視していること、第二に、プログラムの大学での実行について専門学部や学科にも増して、学生部（Student Affairs ないし Student Life）の役割が大きいことが挙げられよう。

70年代から80年代初期の米国でのリーダーシップ教育としては、一方で産業界や大学の専門科目としては（権限を前提にした）リーダー教育があった。また他方では、大学の学生部（Student Affairs ないし Student Life）において、あまりリーダーシップ理論にもとづかない（時としてあるいは反理論的なことすらある）経験至上主義的なリーダーシップ教育が行われており、学生のフラタニティ（友愛）団体の活動に関連したところでは、権限にもとづかないリーダーシップを重視する傾向があった。また80年代には、女性のためのリーダーシップ、アフリカ系アメリカ人のためのリーダーシップ、といったように特定グループのためのリーダーシップ教育プログラムも数多く設置された。学生部でのリーダーシップ教育の初期に参考にされた文献としては、初期には（企業でもよく使われた）Hershey=Blanchard の状況リーダーシップ論があり、ついで教育学の David Kolb の文献、後には経営学の Kouzes=Posner［1987］などがあった。学生部を中心とした全学的なリーダーシップ教育に決定的な影響を与えたのは、Komives らの Social Change Model of Leadership である（Komives et.al.［1994］）や、Northhouse の教科書［1997］である。この頃になると、出版社や研究所などを含めて、学生リーダーシップ教育産業とも言うべきものが出現したかに見えた。産業のみならず、93－94年にアイゼンハワー財団がリーダーシップ・グラントを出すなど各地でこれを支援する動きもあった。しかし、他方で、1970年に創設されて企業のリーダーシップ教育研究で有名になった Center for Creative Leadership（CCL）が80年代には大学教育にも進出を試みたが、やがてこれを断念し、１９９４年リッチモンド大学のJepson School of Leadershipが引き継ぐようなことも起きた。

筆者は２０１２年春から夏にかけて、米国のいくつかの大学を訪問して、その大学でのリーダーシップ教育の担当者に面談し授業を見学してきた。訪問した５つの大学（Johns Hopkins大、Virginia州立大George Mason校、Maryland州立大College Park校、California州立San Jose校、Hawaii州立Manoa校）のうちSan Joseを除く4つにおいては学生部が、単位のあるリーダーシップ開発授業を提供していた。学生部の職員が授業を担当していることも少なくないが、職員であるにしても博士号などの学位をもっていないと、単位のでる授業は担当できないという大学もあった。また、リーダーシップ開発の授業に最初から単位がついていたとは限らず、最初は単位なしで出発して実績を作り、単位をどのような科目に認定するかを審議する委員会と交渉して徐々に単位つきに昇格していくという過程を経た場合もある。権限のないリーダーシップという考え方が、学生部だけでなく、（企業の経営環境が激変するようになった、といういわば別の理由で）企業でも90年代からは徐々に主流になっていったことも、90年代からのStudent Leadership Programの爆発的な普及を後押しすることになったかもしれない。

いずれにせよ、訪問した範囲で米国大学の学生部の充実ぶりには驚かざるを得なかった。奨学金事務と学生の倫理指導と体育会管掌等が主な仕事になっている少人数の日本の学生部と違って、学生のスキル向上や成長に関することは全て集中して面倒をみるため職員数も数百人いることが珍しくない。

ただ、リーダーシップスキルそのものを涵養することは、独立した授業でも可能であるが、せっかくつけたリーダーシップを専門分野での学習にも活かすような、高次のアクティブラーニングを組み込むためには、学部や大学院との連携が不可欠になるだろう。訪問したいくつかの大学では、学生部発で当初単位なしで出発したリーダーシップ授業に単位をつけてもらえるよう（専門学部の教授たちからなる）委員会を説得するために、リーダーシップ授業に学際的な面を持たせる等の工夫をしたとの苦心談を聞いた。学生がリーダーシップを身につけることが専門分野での勉学のためにもプラスになるような相乗効果が得られれば理想的であるが、半面、外見だけの連携になってしまわないように常に点検と摺り合わせが必要と思われる。

参考文献

Komives, Susan, Nance Lucas and Timothy McMahon, Exploring Leadership, Third Edition, Jossey-Bass.（コミベズ他著、日向野幹也他訳、『リーダーシップの探求』、早稲田大学出版部、２０１７年８月）。

Chapter Eight：リーダーシップ教育の広がり 2014 − 2017 年

本書の初版執筆に協力させていただいたことや、私が立教大学経営学部を卒業後に創業した株式会社イノベストでBLPの連携先企業を開拓、連携をコーディネートする業務を受託していたことで、本書の上梓（2013年6月）以降、私のもとに大学関係者のBLP授業参観希望や企業との連携についての問い合わせを多数いただいた。教員、職員、大学本部関係者などさまざまな立場のかたがたが「自学でもリーダーシップ教育を導入できないだろうか」と真剣に検討されていた。そんな中で、以下の声も聞こえてきた。

「いかに自学ではリーダーシップ教育が難しいか」

「立教大学だからできたのだ」

その答えを示すため、立教大学以外でのリーダーシップ教育の実績を説明することにした。以下の内容は、BLPを原体験として起業し、主事業として全国の大学・高校・企業に対してリーダーシップ教育推進や社会連携の支援した私自身の経験をもとにしている。もちろん、リーダーシップ教育を「したい」という熱意と「できる」という結果を中心に示されてきた日向野先生のＢＬＰを前提にしていることはいうまでもない。

立教大学以外ではじめてリーダーシップ教育を導入した首都圏中堅私立大学のＡ大学経済学部とのご縁は、日向野先生とご一緒した各学会等に教務担当の先生がたがご参加されたことではじまった。彼らは我々が登壇した講演会を通じて、リーダーシップ教育の必要性に賛同し、自学への導入を決意した。

そこでまず、２０１４年11月に日向野先生と弊社によるＦＤ講演（Faculty Development：大学の授業の内容および方法の改善を図るための組織的な研修および研究）を、リーダーシップ教育導入に向けて最初のきっかけとしたのである。

導入に向けてまず教員を対象としたＦＤ講演をきっかけにしたのにはわけがある。その当時、Ａ大学経済学部では初年次必修科目として「基礎演習」を全24クラス（約６６０名）すべてを専任教員が担当し、いわゆる読み書きそろばんと図書館の活用法などを教えていた。

教育手法としては小プロジェクトを交えながら「アクティブ・ラーニング」をキーワードとし、入学間もない1年生がいかに大学の資源を活用できるようになるかに主眼を置いて設計されていた。そして全24クラスは、各クラス担当の先生各自の方針のもとで、授業運営がなされていた。

この授業の実態はどうだったかというと、先生がたそれぞれがクラスによって授業の進め方や進度が異なり、〝なんのためのクラスか〟について認識が薄いままに〝アクティブ・ラーニング〟をキーワードにしながらも、実態はそれとかけ離れていた。

さらに、A大学は、中堅的な偏差値であることから、上位校を受験で落ちたことを引きずるが一定程度いることで、自己肯定感が低く大学への積極的な関与を示さない特徴もあった。

こうした実態をふまえて、教務担当者はいかに〝アクティブ・ラーニング〟を掲げただけの名ばかりさせず、学生には大学・学部を好きになってもらうかについて、頭を悩ませていた。

また、こうした悩みを解決するには各クラスによってバラつきのある初年次教育にリーダーシップ教育を導入し、担当される先生がたにご理解をいただくことが最重要の課題だと認識したのである。

ＦＤ講演会を皮切りに、担当の先生がたと打合わせを重ね、当時の学部長のご尽力により学内を説得し、２０１５年度よりリーダーシップ教育導入を開始した。特に各クラスが足並みを揃えてひとつの学習目標に向けて〝アクティブ〟になるために、単に仕掛けのたくさんつまったクラスという箱を用意して「さあ、アクティブになろう」と学生に促すのではなく、学生アシスタントを活用しながら学生自身のリーダーシップを引き出すことで、〝アクティブ・ラーニング〟を推進したのである。そしてこのときに初めて、我々もＢＬＰ以外でリーダーシップ教育導入を〝どのように〟してゼロから立ち上げるのかに挑戦することになったのである。

ゼロから立ち上げるにあたって〝外部〟の支援者として私が非常に重要だと感じていたことは、「ＢＬＰの成功体験をそのまま押し付けないこと」。成功している事例をそのまま当て込もうとしても、導入時の環境や教育を取り巻く状況、学生の文化、大学組織のルールなど実際にはその多くが異なる。そこでまずは、できるかぎり立ち上げる現場の状況を知り、学生を含む関係者の不安や反対意見に耳を傾けること。つぎに、初年度の導入目標は、「学生の支援を取り付けることを第一にすること」。これは学生に媚びた授業をするということではない。

いまの学生は物にあふれ、何かを取捨選択することを迫られて育っているので消費者として非常に洗練されている。ゆえに、授業や大学に対する不平不満はＳＮＳなどで発散したり、授業に出ないという消費者行動を取る傾向が強い。そんないまの学生の声に耳を傾け、彼らの提案を引き出し、ときに厳しい意見や彼らからの提案にきちんと向き合うことが重要である。こうしてはじめて、リーダーシップ教育が学内に広がりを見せることに学生から賛同と支援を取り付けることができる。

この二つは、言うは易く行うは難し。Ａ大学経済学部においては、一番目が特に難儀した。なぜなら、弊社としてリーダーシップ教育を〝外部〟の立場から支援を行うのが初めての事例であり、これまで先生がたが大事にされてきたことを発見し、リーダーシップ教育がそれを後押しするものであることを伝える術が分かっていなかったからである。

それでもＡ大学経済学部では、２０１５年度に全24クラスのうち、17クラスでリーダーシップ教育の柱となる学生アシスタント制度を導入した基礎演習を開講、その翌年度からは全24クラスで学生アシスタントが配置され、本年、２０１７年度は三年目の取り組みとして学内にコースリーダーを設置して内製化に向けて本格始動している。

A大学経済学部における三年間にわたるリーダーシップ教育立ち上げだが、手法としては「学生アシスタント制度」の導入を軸に推進した。リーダーシップ教育の特徴は、経験学習（Kolb 1984）の考え方に基づき、あるプロジェクトに取り組みながらその活動をチームメンバーと振り返り、内省することを通じてリーダーシップを身につけるものである。よって、ＰＢＬ型（Project/Problem Based Learning：問題解決型）の形式を取ることが多い。その際には、クラスの中で4か5名ひとグループを複数作り活動するため、各グループへの細かな介入とサポートが必要である。

これらをすべて教員がひとりで見て回ることは実質的に不可能に近い。また、ＰＢＬ型授業では教室外での活動も多くなるため事前事後学習へのサポートが必須だ。さらにサポートを行うにも、受講生の動態を正しく認識することが求められる。例えば、学生が教員のインプットに対して、一見頷いていても、実は授業内容を全く理解していないということはよく起こる。こうした学生たちの授業内外でのボディ・ランゲージを汲み取ることに長けており、教員のそばにたって運営者の目線を持ち、提案と改善という支援をしてくれる学生アシスタントがリーダーシップ教育の要なのである。

さらに、はじめて新しい〝リーダーシップ教育〟を導入するのだという学内関係者の不安が残る状態では、弊社のような〝外部〟支援者が突然に教学に口を挟むのではなく、まずは学生アシスタント制度を活用し、学生の学びの最大化するという最も大事な目標に向けて取り組みを推進することは、学習効果が見える化しにくい教育を導入する上で効果的であると考えた。

そこで、A大学経済学部においても学生アシスタント制度の活用を最初の軸として制度化をはじめたのである。その当時、A大学経済学部には授業運営をサポートする目的の学生アシスタント制度がなかったため、はじめは先生がたも学生アシスタントたちもどのようにクラスに向き合うべきかそれぞれ不安を抱えていた。そこで、まずは事前の研修や期中のワークショップ等を通じ、次第に勘所をつかんでもらった。

具体的には、次のふたつに注力した。一つ目に、学生アシスタントたちの働きやすい環境を整備すること。二つ目に、クラス間の差異をなるべく小さくすること、である。

学生アシスタントが受講生にとって重要な存在であることはすでに述べたが、それは彼らの役割と業務を明確にして、学生アシスタント自身がそれを理解し、はじめて機能する。そのため、〝漠然とした授業のお手伝い〟ではなく、〝明確な業務〟として学生アシスタントが働くことができるよう、業務マニュアルを作成した。これが、学生アシスタントたちの働きやすい環境を整備することである。最初こそ我々が業務マニュアルなどの整備をおこなったが、その後はワークショップを通じて、学生アシスタント自らの手で環境整備を実施するまでに至った。

他方、クラス間の差異をなるべく小さくするために、全24クラスある教室における学習進度の違いやノウハウを共有できるよう工夫をした。例えば、各クラスでうまくいったこと、改善点を毎週全クラスで共有することなどである。また、学生アシスタントたちが学習進度を把握できるように、学習目標の評価規準と学習到達レベルをマトリクス形式で示す評価指標を作成した。これは、近年多くの授業で取り入れられているルーブリック（濱名 2011）である。更には、クラスの学習進度と学生アシスタントの行動を把握し、こちらの改善をするために受講生アンケートも実施した。

これらに注力した結果、受講生が学生アシスタントに対して活発に反応を示してくるようになり、学生アシスタント志願者が出てきたこと、学生アシスタントらから基礎演習や学部そのものに対する提案が複数出てきたこと、は大きな成果であった。

初年度から提案や受講生の支援を取り付けられたことで二年目以降の取り組みが大きく前進したのである。この頃から、受験ショックを背景とした自己肯定感の低さを改善し、大学・学部を自分ごと化するための方法として「学生アシスタント制度」構築がリーダーシップ教育の肝になるという確信と制度構築支援のために必要なことの洗い出し、課題をまとめる作業が進んだ。

A大学経済学部にて立教大学以外でゼロからリーダーシップ教育に取り組むことの成果と課題が少しずつ明らかになった。そのことで、2015年度には多くの大学のFD講演にお招きいただいた。

そこでは自学での導入について一層具体的な検討と支援を要請する各大学におけるリーダーシップ教育のニーズの高まりを感じた。そこで、我々は次に〝外部〟支援者として次のことを証明したいと思った。リーダーシップ教育は、大学関係者が自学で〝やりたい〟という熱意とリーダーシップを発揮すれば、「大学規模や偏差値」によって成果は左右されないということである。A大学経済学部での取り組みによって、「立教大学だからできたのだ」という指摘、つまり自分たちにはできないという意見は少なくなってきたものの、まだまだ上位校での取り組み成果に過ぎないと他の大学関係者の声も多かった。

そこで我々は他にも中小規模大学で、リーダーシップ教育を本気で導入することに前向きなところを探していた。そんな折、２０１４年４月にＦＤ講演で招いて頂いた下位私立大学であるＢ大学経営学部からリーダーシップ教育導入と学生アシスタント制度構築の相談を受け、２０１６年度からの開講を目指すこととなった。

Ｂ大学経営学部は、キャンパス二学科合計でひと学年約２００名である。立教大学やＡ大学と比較すると小規模な大学だ。別のキャンパスに法人本部が置かれ複数学部が設置されている中で、経営学部が置かれるキャンパスは特に規模が小さいため、一層ファカルティと職員の距離が近かった。したがって、何かを動かす上では手弁当で関係者がリーダーシップ発揮を求められる環境とも言えた。

当時の学部長による強い意志と判断で、リーダーシップ教育導入が決まった。その背景は、小規模大学でかつ不本意入学者も一定割合含んでいることで自己肯定感が極めて低い学生がいる状況をなんとか変えたいということであった。そして、なぜ大学に来たのか、在学４年間で態度スキルとして何を身につけたのか自分の口で語れるようになって欲しいという理由である。

開講にあたっては、学内で比較的若く、新任でかつ専任の先生に担当いただき、我々が教員研修会や事前準備ミーティング、ヒアリング、シラバスや教材設計について支援を行った。その過程では、A大学経済学部での経験と合わせて、ゼロから立ち上げの場合の初年度の肝が「学生の支援を取り付けること」であることにあらためて確信を持った。

そこで、学生アシスタント制度もリーダーシップ科目受講の原体験を持つ上級生もいない状況で、様々なワークショップを行った。例えば、開講前年度2月には各先生がたから適性に基づき推薦をされた学生たちとB大学らしさとは何か、自学にはどんな学生がいるか、自分たちはいまどんな不平不満を持っているのかを洗い出した。こうしたワークショップや検討会の過程で、新任の先生がたや職員のかたがたにも積極的に関わっていただくことで、受講生への新設科目説明会の準備も整えることができた。

当初、1年生選択科目2クラス（各40名程度）を想定し、前期後期でそれぞれ科目設置を行ったが、予想に反して学年200名のうち、160名と四分の三の学生が履修希望を表明してくれた。これは、うれしい悲鳴であった。

B大学経営学部では、これまでこれほど多くの学生が自分の意志で受講を希望するということは少なかったようで、学部としてはぜひ希望した学生全員に履修機会を提供したいと考えているとのことだった。そこで当初の予定から変更し、全160名の履修を受け入れ、大教室を四分割し、後期科目担当予定だった学生アシスタントと先生がたにご協力を仰ぎながら授業を設計し直した。

いざ開講してみると多くの発見があった。そのひとつは、B大学経営学部の学生は入学時点での自己肯定感の低さや不安とは裏腹に、他者とコミュニケーションをする場や何か共有されたひとつの成果に向かっていく取り組みを期待しているということだった。こうした学生たちにとって、リーダーシップ教育が単なるビジネスコンテストなどとは異なり、徹底した振り返りと提案行動の促し、小さなプロジェクトによる成功と失敗の経験学習によってこの期待に応えることができた。

そしてリーダーシップ教育科目の開講初年次にこうしたきっかけを掴んだ学生は、その後の科目展開へ積極的に支援を行い、その学生自身の学生生活や他の科目への取り組み姿勢にも良い影響を与えることができるということである。取り組み2年目の２０１７年度も初の受講原体験を持つ学生アシスタントがいる状態で、前年度同様に１６０名超の履修希望を取り付けることができた。

A大学経済学部とB大学経営学部の取り組みによって、さらにいろいろな環境や状況におけるリーダーシップ教育の効能と課題を洗い出すことができるようになった。2016年度には私自身が招へい教員として名古屋大学経済学部で初の国立大学におけるリーダーシップ教育に挑戦している。2017年度は複数の女子大学で科目開講し、女子大学ならではの取り組みも議論が盛り上がっている。

こうした潮流の中で、学学連携として各大学間の学生アシスタントの交流やワークショップも実現し始めているのはひとつの大きな成果である。他方、まだまだ全国でもリーダーシップというと人文社会科学系学部での取り組み傾向が強いため、全学部横断で実施する機会は今後非常に重要なことのように思う。

その中で、2018年度には複数大学の理工系学部でリーダーシップ教育の取り組みが始まろうとしていることは大きな可能性である。また、大学のみならずこうしたリーダーシップ教育が普及していくことにも重要性を感じる。2016年度より都立高校の新設科目「人間と社会」の中で、リーダーシップが一章割かれることになるなど、高校でもリーダーシップ教育は盛んである。特に、2016年度は首都圏中堅県立高校で3年間のリーダーシップ教育が始動し、今年は全国で初の権限によらないリーダーシップを学習目標にした学校設置科目が高校1年生必修で展開されている。

今後、リーダーシップ教育が学部横断的に、かつ人文社会科学系に留まらず、また高大連携を視野に入れながら推進されることを期待したい。その中での肝は「学生の支援を取り付けること」に尽きる。

ただし、学生の支援を取り付ける最初の一歩として、学生アシスタントの活用や、ファカルティのみならず職員のちからを最大限活かすことは不可欠である。２０１３年に本書初版が出版直後、早稲田大学から相談を受け、リーダーシップ教育や企業との連携における新たな大学教育の可能性を模索する中で、２０１５年度からリーダーシップ教育が大規模に展開されることになり、２０１６年度より正式に全学部生対象の選択科目として始動したが、その裏側の職員のサポート体制には驚かされる。

グローバルエデュケーションセンター開講のリーダーシップ科目だが、センターのみならず多くの職員が積極的な改善提案や参観希望、人事部における研修や学生部奨学課における勉強会でリーダーシップを取り上げるなどその広がりは学生の学びの最大化につながる仕掛けが着々と学内の至る所に準備されているようにみえる。

ここまで、ＢＬＰ以外のリーダーシップ教育の広がりと、ゼロからの立ち上げで〝どのように〝リーダーシップ教育を〝やりたい〟気持ちから〝やれる〟成果を出すのか書き出したが、強くお伝えしたいことは、「リーダーシップ教育は、決してすべてを解決する魔法ではないが、消費者を提案者に変える力がある」ということだ。

それでも、消費者として洗練されているいまの学生・生徒にとって、リーダーシップは社会に出るまでに身につけるべき重要なスキルであり、学生・生徒のうちから大学・高校を自分ごと化するきっかけとなる可能性を秘めている。

またこうした新しい教育を導入・推進しようとする過程で学校関係者のリーダーシップ発揮が求められる結果として、これからの少子化を始めとする厳しい環境に置かれた強い大学・高校にとっての組織開発につながる活動となりうる。リーダーシップ教育が更に進化し、全国の大学・高校に広がりを見せることを期待し、私自身も貢献したい。

（第8章執筆：松岡洋佑）

あとがき

都立大を退職したときに、次の職場である立教大学でこれほどまでにエクサイティングな日々を過ごすことになるとは予想していませんでした。最も手応えを感じるのは学生諸君の反応と成長であり、学生諸君の支持なしにこのプログラムの成功はあり得ませんでした。初期の稚拙なカリキュラムの頃から「不満を提案に変えて」持ってきてはＢＬＰの改善に貢献してくれた経営学部第二期生の松岡洋佑さん（現・innovst 代表取締役）が、卒業後もＢＬＰの発展をつぶさに見て、ご自分もアントレプレナーの経験を持ちながら「先生は大学でアントレプレナーシップ論の授業を持つべきです」と断言していたのが本の題名をつけるヒントになりました。また、経営学部の前身の社会学部産業関係学科出身、初代ＳＡの一人で、卒業後三年間のＩＴ業界での経験を活かしてＢＬＰ事務局に転身した並木俊之君のリーダーシップがなければ２０１１年以降のＢＬＰのなお一段の発展はありえなかったでしょう。彼らを始めとする立教大学の学生たち、卒業生たちこそがＢＬＰの発展の真の功労者であり、ＢＬＰの成果です。リーダーシップを学習目標としているからこその好循環が生まれているといえるのかもしれません。今後も学生や卒業生が引き続き経営学部BLPと立教GLPを発展させていってくれることをちゃっかり期待しています。

ここと本文中にお名前を記したかた以外にも、他にも大勢の方々にお世話になりました。谷口潤さん、高橋秀明さん（慶応大学客員教授）は、本書の草稿の一部を読んで非常に有益なコメントを下さいました。

この本が、全国の大学教育の現場で創意工夫と苦労をなさっている大学教育アントレプレナーの教職員の方々のご参考と励ましになれば幸いです。なお、本書の一部は東京大学社会科学研究所『社會科学研究』第64巻第3号に掲載された拙稿に基づくものです。

増補版へのあとがき

２０１３年に本書の初版を上梓し、幸い多くの方々が読んでくださり、講演やコンサルティングに声をかけてくださることも増えました。個別大学での単発でのＦＤ講演は、効果がほとんど期待できなさそうなので原則としてお断りしているのですが、講演とセットでＦＤ研修を組んでくださった大学では続々と成果があがっており、その一端を報告した第８章を、ＦＤ研修を一緒に行なっているイノベスト社の松岡洋佑さんに書き足してもらって、増補版とし、併せてデジタルでも販売を開始することになりました。なお、初版のあとがき末尾に立教大学の授業ご参観のご案内を書きましたが、私が立教大学から早稲田大学に移籍したので、いまご案内できるのは早稲田大学での授業です。ご連絡はmhigano@gmail.com宛にお願いします。その他、ウェブサイト『日向野幹也の研究室www.mhigano.com』も引き続きよろしくお願いいたします。

日向野幹也（Higano, Mikinari）

早稲田大学大学総合研究センター教授
1954年東京生まれ。1978年東京大学経済学部卒業、1983年同大学院博士課程社会科学研究科経済政策専攻修了、1984年経済学博士（東京大学）。東京都立大学経済学部、立教大学社会学部産業関係学科教授を経て、2006年4月立教大学経営学部教授・BLP主査。2013年立教GLPを立ち上げ。2016年早稲田大学に移籍し、三つ目のリーダーシッププログラム立ち上げ。

松岡洋佑（Matsuoka, Yosuke）

株式会社イノベスト代表取締役
1988年東京生まれ。2011年立教大学経営学部卒業、同年、リーダーシップ教育の推進ならびに大学資源の活用を側面支援する株式会社イノベストを創業。2016年より名古屋大学経済学部招聘教員としてリーダーシップ開発科目担当。2017年より早稲田大学大学総合研究センター招聘研究員としてリーダーシッププロジェクト担当。全国10校以上の大学・高校にてリーダーシッププログラムを立ち上げ、支援を行う。

本書は2019年4月にBookWayより発行された書籍と
内容に相違はありません。

［増補版］大学教育アントレプレナーシップ
～いかにリーダーシップ教育を導入したか

2021年5月31日　初版発行

著　者　日向野 幹也・松岡 洋佑
発行所　学術研究出版
〒670-0933　兵庫県姫路市平野町62
［販売］Tel.079(280)2727　Fax.079(244)1482
［制作］Tel.079(222)5372
https://arpub.jp
印刷所　小野高速印刷株式会社

ISBN978-4-910415-55-0